DIEDERICHS
NEW
SCIENCE

Herausgegeben von

FRANZ-THEO GOTTWALD
ERVIN LASZLO
STEPHAN SCHUHMACHER

Ervin Laszlo

Systemtheorie als Weltanschauung

Eine ganzheitliche Vision
für unsere Zeit

Aus dem Englischen
von Konrad Dietzfelbinger

EUGEN DIEDERICHS VERLAG

Die Originalausgabe erschien 1996 unter dem Titel
Systems View of the World. A Holistic Vision for Our Time
bei Hampton Press, Cresskill, NY.

Die Deutsche Bibliothek – CIP-Einheitsaufnahme
Laszlo, Ervin:
Systemtheorie als Weltanschauung : eine ganzheitliche Vision
für unsere Zeit / Ervin Laszlo. Aus dem Engl. von Konrad
Dietzfelbinger. – München : Diederichs, 1998
(Diederichs New science)
Einheitssacht.: Systems view of the world <dt.>
ISBN 3-424-01387-0

Umschlaggestaltung: Zembsch' Werkstatt, München
Produktion: Tillmann Roeder, München
Satz: SatzTeam Berger, Ellenberg
Papier: holzfreies, säurefrei gebleichtes Werkdruck, Schleipen
Druck und Bindung: Huber, Dießen

ISBN 3-424-01387-0

Inhalt

Wer nicht die Idee der Physik (das heißt nicht die physikalische Wissenschaft selbst, sondern das vitale Weltbild, das sie geschaffen), nicht die historische und biologische Idee, jenen philosophischen Weltenplan sich zu eigen gemacht hat, der ist kein gebildeter Mensch. Und wenn keine außergewöhnlichen, spontanen Gaben diesen Mangel ausgleichen, so ist es mehr denn unwahrscheinlich, daß ein Mensch dieser Art ein wirklich guter Arzt, Richter oder Techniker zu sein vermag.

Ortega y Gasset
Die Aufgabe der Universität

Vorwort

In Abwandlung des berühmten Ausspruchs von Mark Twain über das Wetter könnte man heute sagen: Viele reden von der neuen Weltsicht der Naturwissenschaften, aber kaum jemand weiß wirklich, was das eigentlich ist. Es ist jedoch sehr wichtig zu begreifen, worum es sich bei dieser neuen Weltsicht handelt. Wer nämlich die Welt verändern oder wenigstens verhindern will, daß sie blind in ihren Untergang hineintaumelt, muß das Wesen dieser Welt verstehen. Und wer es verstehen will, muß seine Erfahrungen mit ihr und sein Wissen von ihr mit Hilfe einigermaßen vernünftiger Theorien interpretieren. Wer nicht das Vorrecht genießt, sich der letzten Wirklichkeit durch Intuition oder Erleuchtung nähern zu können, ist gezwungen, sich in seinem Weltverständnis auf empirische Konzepte zu verlassen – Konzepte, die auf der Art und Weise beruhen, wie Menschen mit ihrer Umwelt in Wechselwirkung treten.

Es gibt viele solcher empirischen Konzepte, wir alle beziehen uns in unserem Denken auf eines oder mehrere davon, oft eher stillschweigend als bewußt. Der alltägliche »gesunde Menschenverstand« liefert uns nämlich eine ganze Anzahl dieser Vorstellungen, und je nach intellektueller und emotionaler Kapazität eines Menschen, seiner sozialen Rolle und seiner Kultur wählt er unter ihnen aus. Die Weltsicht von Künstlern und religiösen Leitfiguren bietet darüber hinaus noch eine Reihe weiterer, alternativer, von der konkreten Alltagserfahrung abgehobener Konzepte. Aber die einzige empirische Weltanschauung, die kontinuierlich überprüft und kritisch hinterfragt ist, ergibt sich aus den Theorien der empirischen Wissenschaften der Gegenwart. Wollen wir die uns umgebende Welt verstehen – sei es, um sie zu verändern, sie in ihrem gegenwärtigen Zustand zu erhalten, oder auch nur der Genugtuung des Wissens halber –, so gibt es wohl keine bessere Möglichkeit – und mit Sicherheit viele schlechtere –, als die zeitgenössische Naturwissenschaft um Auskunft zu bitten.

Indessen präsentiert sich die heutige Naturwissenschaft dem Uneingeweihten im furchterregenden Gewand komplizierter mathematischer Formeln und zungenbrecherischer Fremdwörter, und durch die Methoden, mit denen man sie überprüft und verbessert, wird es dem Laien häufig schwer gemacht, zu verstehen, was ihre Theorien wirklich aussagen. Der praktizierende Wissenschaftler selbst gibt sich normalerweise mit den Theorien an sich zufrieden und interpretiert sie nicht weiter. Er sucht nach quantitativen Antworten auf bestimmte Probleme, die sich wiederum aus einer Vielzahl vorheriger Antworten auf frühere Probleme ergeben.

Trotzdem gibt es – und dessen sind sich führende Naturwissenschaftler aller Disziplinen heute bewußt – keine Theorie, der nicht eine bestimmte Weltsicht zugrundeläge. Diese Weltsicht dirigiert das Interesse des Forschers. Es gibt kein Experiment ohne vorhergehende Hypothese und keine Wissenschaft ohne implizite Erwartung in bezug auf die Art ihres Gegenstandes. Die der Forschung zugrundeliegenden Hypothesen steuern die Formulierung von Theorien und geben der experimentellen Forschung ihre Methoden vor. Umgekehrt werden sie durch die Ergebnisse der zur Überprüfung der Theorien bestimmten Experimente spezifiziert. Die Schwierigkeit für die Wissenschaft selbst, aber auch für die vielen Betroffenen und Interessierten ist, wie diese implizite Sicht explizit gemacht und auf die Themen bezogen werden könnte, die heute unser Denken vorwiegend beschäftigen und schon in nächster Zukunft unser Leben bestimmen werden.

Eine neue Weltsicht nimmt in den Köpfen fortschrittlicher wissenschaftlicher Denker weltweit Gestalt an. Sie macht uns Hoffnung, daß die Prozesse, die unser aller Leben beeinflussen, schließlich verstanden und beherrscht werden können.

1
Die atomistische Sicht
und die systemtheoretische Sicht

Bis in jüngster Zeit waren die modernen Naturwissenschaften durch eine Denkweise charakterisiert, bei der »harte Fakten« den Vorrang vor allen anderen Gesichtspunkten genossen. Diese Denkweise gründete sich auf die implizite Überzeugung, der menschliche Verstand besitze nur begrenzte Fähigkeiten, Informationen zu speichern und zu verarbeiten. Entweder man weiß über einige wenige Dinge sehr gründlich Bescheid, was mit ziemlicher Sicherheit ausschließt, daß man mit vielen ganz anderen Dingen vertraut ist. Oder man weiß von vielen ganz verschiedenartigen Dingen, kennt sie dann aber höchstwahrscheinlich nicht sehr gründlich. Doch einzelne Menschen können sich zu Teams zusammenschließen, und das Wissen des einen läßt sich durch das der anderen ergänzen. Insofern läßt sich Wissen vertiefen, ohne an Breite zu verlieren. Dies ist das Prinzip der Spezialisierung. Es hat zu den großen Fortschritten in Wissenschaft und Technik geführt, die heute unser Leben bestimmen.

Dennoch ist auch Spezialisierung nicht problemlos. Strukturiertes Spezialwissen hat die Tendenz, geschlossene Enklaven auszubilden. Spezialisten auf einem Gebiet können noch miteinander kommunizieren. Verständnisschwierigkeiten entstehen aber schon dann, wenn ihre Fachinteressen auseinandergehen. Sicher ist das Bonmot übertrieben, nach dem ein auf weiches Gestein spezialisierter Geologe sich auf einem Geologenkongreß über hartes Gestein sehr einsam fühlt. Doch ist es gewiß keine Übertreibung, daß sich Geologen und Biologen nur schwer miteinander verständigen können, selbst wenn ihre Interessengebiete relativ nahe beieinanderliegen. Was für Spezialdisziplinen gilt, gilt auch für den einzelnen Forscher innerhalb einer Disziplin. Manche Wissenschaftler entwickeln so begrenzte Interessen innerhalb ihres Fachgebietes, daß sie sich allen oder fast allen ihren Fachkollegen entfremden und sich damit eine »Spezialitätenenklave« aufbauen. So ist es übrigens keineswegs nur in den Naturwissenschaften, sondern auch in den Kunst- und Geisteswissenschaften. Ein auf das frühe elisabethanische Theater spezialisierter Literaturwissenschaftler mag nicht viele Gemeinsamkeiten mit einem Kollegen haben, der als Experte für das Drama der

Restauration arbeitet. Und sollte er auf einen Fachmann für das zeitgenössische Theater stoßen, wird ihm kaum etwas anderes übrigbleiben, als übers Wetter zu sprechen.

Leider haben derartige Spezialisierungsschranken zur Folge, daß unser Wissen sich immer mehr isoliert, je weiter es in die Tiefe vordringt. Wir erhalten weniger ein kontinuierliches, zusammenhängendes Gesamtbild, als vielmehr Fragmente – herrlich detaillierte, aber eben isolierte Wissensfragmente. Wir bohren überall Löcher in die geheimnisvolle Wand, die wir Natur und Wirklichkeit nennen, und entnehmen ihr an all diesen Stellen die schönsten Proben. Aber erst heute dämmert uns langsam, daß wir diese Proben auch miteinander verbinden müssen, um kohärente Einsichten in die Wirklichkeit zu gewinnen.

Immerhin hat uns das Ideal der »harten Fakten«, obwohl es unsere Erkenntnis atomisierte, einen gesunden Respekt vor geprüftem Wissen anerzogen. Wir geben uns nicht mehr mit Theorien zufrieden, die Wissenslücken mit den Flicken bloßen Glaubens oder der Phantasie stopfen wollen. Wer heute glaubt, nur durch ein solches Flickwerk lasse sich noch ein kohärentes, integriertes Weltbild aufbauen, irrt sich. Denn wir besitzen inzwischen die wissenschaftlichen Grundlagen für ein solches Weltbild. Die Konturen eines neuen Paradigmas treten in Erscheinung – einer neuen Ordnung der Daten und Beobachtungen, die wir bereits besitzen und in absehbarer Zukunft noch hinzugewinnen dürften.

Betrachten wir im folgenden diese neue ganzheitliche Art, die Welt anzusehen, und denken wir darüber nach, warum sie der atomisierten Methode fachbereichlicher Spezialisierung vorzuziehen ist.

Warum die naturwissenschaftliche Sicht sich verändert

Der Spezialist betrachtet Phänomene, die er sorgfältig isoliert hat. Er ist an der Wirkung interessiert, die ein Ding auf ein anderes ausübt. Er kann solche Wirkungen berechnen, indem er die Dinge als getrennte, aber durch kausale oder korrelative Beziehungen miteinander verknüpfte Fakten sieht. Dadurch ist es ihm möglich, unzählige detaillierte Vorgänge in der Natur zu erforschen und zu systematisieren. Er kann vorhersagen, wie eine Zelle oder ein Organ auf einen bestimmten Reiz, oder wie ein Körper auf eine bestimmte Kraft reagiert. Auf der Grundlage dieses Wissens vermögen wir Medikamente zu verschreiben und Maschinen zu bauen. Und unaufhörlich können wir unsere Wissensspeicher mit neuen geprüften Daten weiter anfüllen.

Etwas aber kann uns ein solches Wissen nicht sagen: Wie nämlich eine größere Anzahl unterschiedlicher Dinge sich als Gesamtheit verhält, wenn sie gleichzeitig einer gewissen Anzahl unterschiedlicher Einflüsse ausgesetzt werden. Und fast alles um uns herum besteht aus einer großen Anzahl unterschiedlicher Dinge und ist einer Anzahl unterschiedlicher Einflüsse ausgesetzt.

Wir selbst sind aus einigen fünf Oktillionen Atomen zusammengesetzt und unser Gehirn aus 10 Milliarden Neuronen. Ein Wasserstoffatom besteht aus einem Proton und einem Neutron im Kern und einem Elektron auf seiner Schale. Doch die in ihm wirkenden Kräfte sind so zahlreich und komplex, daß der Mathematiker multidimensionale Räume benötigt, um sie darzustellen. Komplexere Atome als das Heliumatom (das zwei den Kern umkreisende Elektronen besitzt) enthalten drei und mehr »Körper« auf ihren Schalen, und die Mathematiker sind außerstande, auch nur das »Dreikörperproblem« zu lösen, das heißt Bewegungsgleichungen für mehr als zwei Objekte, die sich bewegen und gegenseitig beeinflussen, aufzustellen. Mit anderen Worten: Schon bei einem Phänomen, das komplexer ist als das Heliumatom, versagen unsere spezialisierten Techniken mit ihren »harten Fakten«.

Man kann nun aber solche Probleme mit der Methode einer näherungsweisen, »stückweisen« Analyse angehen und dadurch vereinfachen. Man geht so vor, als ob die zu berechnenden Kräfte oder »Körper« aus interagierenden Paaren bestünden, die der Reihe nach aufeinander einwirken. Für viele Zwecke reicht diese Methode aus.

Sie kann nützliche Informationen über spezifische Wechselwirkungen liefern und uns Techniken an die Hand geben, durch die wir diese Wirkungen beeinflussen und voraussagen können. Allerdings vermittelt uns diese Methode der Analyse kein verläßliches Bild, da viele Elemente im Spiel sind, und sich in unserer Wirklichkeit die Dinge viel zu komplex darstellen.

Wie ziehen sich die modernen Naturwissenschaftler hier aus der Affäre? Sie bieten eine Lösung an, die eine weitere Vereinfachung der tatsächlichen Verhältnisse darstellt, doch trotzdem noch in der Lage ist, deren Komplexität in den Griff zu bekommen. Statt einen einzigen Gegenstand und sein Verhalten zu einem bestimmten Zeitpunkt und unter der Einwirkung eines anderen Gegenstandes zu beobachten, betrachten die Wissenschaftler eine ganze Anzahl unterschiedlicher aufeinander einwirkender Gegenstände und beobachten ihr Verhalten unter verschiedenen Einflüssen *als Gesamtheit*. So ähnlich machen wir es ja auch im Alltag, wenn wir zum Beispiel eine Anzahl Fußballspieler als Mannschaft ansehen, nicht als Einzelkämpfer, oder wenn wir uns ein Unternehmen als Firma, nicht als Summe der einzelnen Arbeiter und Angestellten vorstellen.

Auch bei ganzen Völkern und mit Bevölkerungsgruppen innerhalb eines Volkes verfahren wir so. Wir sprechen sogar von internationalen Blöcken, was ebenfalls eine Vereinfachung, aber doch auch richtig ist. Wir haben das Gefühl, daß wir die Individualität der Mitglieder solcher größeren Einheiten durchaus vernachlässigen dürfen, solange es Typen solcher Mitglieder gibt, die zueinander in bestimmten Verhältnissen und Beziehungen stehen. Es spielt keine Rolle, wer diese oder jene spezifische Tätigkeit ausübt, solange nur *irgendwer* das tut.

Die großen Gruppen, mit denen wir auf diese Weise Bekanntschaft machen, entwickeln also ihren eigenen »Charakter«. Auch wenn ein Großteil ihrer Mitglieder ausgetauscht werden sollte, tendieren die Merkmale der Gruppe zu einer gewissen Dauerhaftigkeit. Zum Beispiel tauschen Mannschaften im Sport über die Jahre ihre Spieler aus und ersetzen die alten Sportler durch jüngere. Trotzdem behält die Mannschaft als solche die meisten der für sie charakteristischen Eigenschaften – ihre Taktik und Technik, ihren Kampfgeist und so weiter. Noch auffälliger ist die Kontinuität bei Firmen in der Wirtschaft. Hier kann man jedes Mitglied ersetzen, vom Vorstandsvorsitzenden bis zum Laufburschen, und doch existiert das Unternehmen mit fast denselben Merkmalen weiter wie bisher. Und das gleiche gilt

15

für ganze Völker und Nationen, ja sogar für so große und diffuse Phänomene wie Kulturen. Die Individuen kommen und gehen – die Kollektive bleiben. Nicht daß sie gegen jeden Wandel immun wären. Aber sie wandeln sich nicht mit dem Zu- und Abgang ihrer Mitglieder. Es ist, als hätten sie ein eigenes Leben und eigene Persönlichkeit.

Solche Merkmale eines »Ganzen« sind typisch für alle aus interagierenden Teilen bestehenden Gruppen, sofern nur einige Grundbeziehungsmuster konstant bleiben. Es spielt für ein Kohlenstoffatom keine Rolle, welches Elektron welche Schale besetzt hält, solange seine Energieniveaus mit der Anzahl Elektronen besetzt sind, die der Zahl der Neutronen im Kern entspricht. Genauso ist es relativ gleichgültig, welche Angestellten in einer Firma arbeiten, solange eine ausreichende Zahl von Arbeitskräften existiert, welche im richtigen Verhältnis zueinander und zu ihren Aufgaben und Arbeitsmitteln stehen. Daher zeigen solche »Wesen« wie Atome oder Firmen als Ganzheiten eine gewisse »Individualität« in ihren charakteristischen Merkmalen. Diese Charakteristika können nicht einfach auf die Eigenschaften ihrer jeweiligen Teile zurückgeführt werden.

Möglicherweise könnten wir die Eigenschaften eines »Ganzen« vollkommen erklären, wenn wir die genauen Eigenschaften sämtlicher Teile und außerdem alle Beziehungen zwischen ihnen kennten. Dann könnten wir die Eigenschaften des »Ganzen« auf die Summe der Eigenschaften der wechselwirkenden Teile zurückführen. Doch verlangte dies, die Daten von nicht drei Körpern, sondern von dreitausend, drei Millionen, drei Milliarden oder mehr Körpern unter einen Hut zu bringen. Wie groß die Anzahl der Körper wäre, hinge von dem Ganzen ab, das wir beobachten wollen. Und da die Wissenschaft so etwas nicht einmal für ein aus drei Teilen bestehendes Gebilde leisten kann, wäre es ganz unsinnig, darauf zu hoffen, sie wäre bei irgendeinem der weit komplexeren Phänomene in Natur und Gesellschaft dazu imstande. Man wird also – gleichgültig welche Ziele man verfolgt – davon ausgehen müssen, daß die Eigenschaften komplexer Ganzheiten sich nicht gänzlich auf die Eigenschaften ihrer Teile reduzieren lassen. Das ist die bei weitem sinnvollste Arbeitshypothese. Denn wir wären nicht nur außerstande, das Verhalten des Ganzen aus dem Verhalten seiner Teile zu berechnen, sondern müßten bei jedem Wechsel des »Personals« auch immer wieder neue Berechnungen vornehmen.

Doch ausgehend von der Prämisse, daß aus interagierenden Teilen bestehende Gruppen mit stabiler Grundstruktur einen individuellen

»Charakter« besitzen, können die modernen Naturwissenschaftler das Verhalten solcher Gruppen mit großem Erfolg erklären und voraussagen. Die Wirtschaftswissenschaften etwa könnten unmöglich das Verhalten jedes einzelnen Verbrauchers und Unternehmers in einer Volkswirtschaft berücksichtigen. Es lassen sich aber allgemeine Merkmale einer Volkswirtschaft als ganzer feststellen und als Gesetze formulieren, womit Voraussagen möglich werden. Und Voraussagen lassen sich anhand der Erfahrung überprüfen.

Solch eine Voraussage, die sich (leider) nur allzu häufig bestätigt, ist zum Beispiel die Unfallhäufigkeit auf den Autobahnen an einem bestimmten Feiertag – obwohl es jedes Jahr andere Autofahrer sind, die die Autobahnen bevölkern, und auch ihre individuellen Fähigkeiten, Reiserouten und Motive variieren. Deshalb wäre es völlig unmöglich, die Zahl tödlicher Unfälle an einem Wochenende dadurch vorauszusagen, daß man die Fähigkeiten, Reiserouten und Motive jedes einzelnen Fahrers auf den Straßen untersuchte. Doch wenn man die Fahrer als Angehörige der Kategorie motorisierter Sonntagsfahrer betrachtet und ihre bisherigen Verhaltensmuster zusammen mit dem Straßenzustand, der Verkehrsdichte, der Anzahl zugelassener Fahrzeuge und noch einigen weiteren Faktoren in Rechnung stellt, ist es möglich, die Zahl tödlicher Verkehrsunfälle recht genau vorherzusagen.

Es ist, als hätte die Kategorie der motorisierten Sonntagsfahrer einen eigenen, individuellen Charakter, der sich nicht auf die Merkmale aller einzelnen Fahrer zurückführen läßt. Aus der Fahrtüchtigkeit irgendeines einzelnen Verkehrsteilnehmers läßt sich die immer wiederkehrende Regelmäßigkeit tödlicher Verkehrsunfälle an Wochenenden bestimmt nicht voraussagen. Doch die Fähigkeiten, Reiserouten und Gewohnheiten aller Fahrer zusammengenommen ergeben, aufeinander bezogen, die erwähnten Merkmale.

Auf bedeutsamere Beispiele für dasselbe Phänomen stoßen wir, wenn wir uns selbst als Ganzheiten analysieren, die aus einer Vielzahl von interagierenden Atomen, Molekülen, Zellen, Geweben und Organen bestehen, oder unsere Gesellschaft als Ganzes gesehen, die sich aus vielen miteinander kommunizierenden Menschen zusammensetzt. In all diesen Fällen handelt es sich um Beziehungsgefüge, die erhalten bleiben, auch wenn sämtliche individuellen Mitglieder früher oder später durch andere ersetzt werden.

So werden etwa die Zellen unseres Körpers im Lauf von circa sieben Jahren sämtlich erneuert, während die Angehörigen eines

Volkes nach etwa 70 Jahren total ausgetauscht sind. Die Beziehungen jedoch, die mich zu dem machen, was ich bin, und das Land zu dem, was es ist, ändern sich nicht, zumindest vollzieht sich diese Änderung weit langsamer und hängt nicht vollständig von der Veränderung der Teile ab. Ich werde im Zeitraum von sieben Jahren älter, nicht weil bestimmte Zellen meines Körpers aufgehört haben, Teil von mir zu sein (die Anzahl der Neuronen im Gehirn nimmt allerdings im Lauf der Zeit ab), sondern weil sich in den Beziehungen zwischen meinen Zellen unmerklich ein Wandel vollzogen hat, den wir »Altern« nennen. Dasselbe gilt, *mutatis mutandis*, für Sportmannschaften, Armeen, Firmen, Nationen und internationale Organisationen. Manche Persönlichkeiten prägen den Charakter einer Nation mehr als andere, doch keine ist unersetzlich. Eine Organisation, die ganz vom Charakter oder der Persönlichkeit eines einzelnen Menschen, wie bedeutend er auch sein mag, abhängig wäre, befände sich in keiner beneidenswerten Lage. Keine Organisation könnte sich unter einer solchen Bedingung lange am Leben erhalten.

Der Aufstieg der Systemwissenschaften

Das vorwissenschaftliche Denken der Antike versuchte die Komplexität der Phänomene mittels unmittelbarer Einsicht oder Offenbarung zu durchschauen. Die Theorien ihrer Denker entsprangen der Phantasie, mitunter auch der Inspiration. Doch selten hielten sie einer Konfrontation mit der konkreten Erfahrung stand. Die moderne Naturwissenschaft dagegen legte größten Wert auf eine solche Konfrontation und verwarf alle Theorien (etwa Theologien oder Vorstellungen von einer Seele), die entweder an der Erfahrung nicht überprüft werden konnten oder diese Prüfung nicht bestanden. Da aber nur sehr einfache Beziehungen definitiv überprüft werden konnten, entwickelte sich die moderne Naturwissenschaft als die Wissenschaft Galileis und Newtons. Denn sie war in der Lage, relativ einfache Beziehungen zwischen Kräften oder Körpern zu beschreiben, und vermittelte das Bild einer in ihren wesentlichen Aspekten auf solche Beziehungen rückführbaren Welt.

Die Newtonsche Wissenschaft betrachtete das physische Universum als einen gigantischen Mechanismus, der »eleganten« deterministischen Bewegungsgesetzen gehorcht. Komplexere Ereignisgefüge konnten von dieser Wissenschaft nur dadurch erklärt werden, daß man sie in elementare Interaktionsschritte zerlegte. Alles, was man auf diese Weise genau kennenlernte, verhielt sich wie ein zuverlässig funktionierender Mechanismus, und so nahm man an, alles übrige funktioniere nach den gleichen Gesetzen – mit höchstens einer Ausnahme, dem Geist, ein Phänomen, dem die Newtonsche Wissenschaft nicht einmal ansatzweise beikam. Also glaubte man, die Welt *sei* ein Mechanismus, aufgebaut aus einer großen Anzahl sich gleichförmig verhaltender Teile.

Zu Beginn des 20. Jahrhunderts aber brach das mechanistische Weltbild zusammen, sogar im Bereich der Physik, wo es sich bisher am besten bewährt hatte. Jetzt nämlich gerieten Beziehungsgefüge interagierender Teilchen in den Blick, und diese waren von derart erstaunlicher Komplexität – selbst in einer so elementaren physikalischen Einheit wie dem Atom –, daß die Erklärungsleistung der Newtonschen Mechanik ernsthaft in Zweifel gezogen werden mußte. Im Bereich der Feldphysik trat die Relativitätstheorie ihren Siegeszug an und in der Mikrophysik die Quantentheorie.

Die Entwicklung der Forschung in anderen Wissenschaftszweigen schlug parallele Wege ein. Die Biologie versuchte sich von einem allzu vordergründigen Dualismus freizumachen, wie ihn der Vitalismus eines Driesch, Bergson und anderer enthielt, und zu einer besser überprüfbaren Theorie des Lebens zu gelangen. Doch die Gesetze der Physik reichten nicht aus, die in einem lebendigen Organismus stattfindenden komplexeren Wechselwirkungen zu beschreiben, weshalb neue Gesetze postuliert werden mußten. Das waren nicht Gesetze irgendwelcher »Lebenskräfte«, sondern Gesetze integrierter Ganzheiten, die sich als solche verhalten.

Ebenso wie die Wirtschaftswissenschaften sich als unfähig erwiesen, das Auf und Ab der Aktienwerte aus den individuellen Eigenschaften der Börsenmakler und der Anleger zu erklären, so war die Wissenschaft der Biologie außerstande, die Selbsterhaltung des lebendigen Organismus durch Rückgriff auf die physikalischen Gesetze, die das Verhalten seiner Atome und Moleküle steuern, zu erklären. Neue Gesetze wurden aufgestellt, nicht im Widerspruch, sondern in Ergänzung zu den physikalischen Gesetzen. Sie zeigten, wie sich hochkomplexe Gefüge von Teilen, die jedes für sich den Grundgesetzen der Physik unterworfen sind, verhalten, wenn die Teile gemeinsam agieren. Im Hinblick auf die parallelen Entwicklungen in Physik, Chemie, Biologie, Soziologie und Wirtschaftswissenschaften zeigt sich, daß viele Zweige der modernen Wissenschaft, in

Warren Weavers Worten, zu »Wissenschaften organisierter Komplexität« wurden – also zu *System*wissenschaften.

Ausgerüstet mit den von den modernen Systemwissenschaften zur Verfügung gestellten Begriffen und Theorien entdecken wir nun, wohin wir auch blicken, Spuren organisierter Komplexität. Wir selbst sind ein komplexes organisiertes System, ebenso unsere Gesellschaft und unsere Umwelt. Auch die Natur selbst, wie sie sich auf dieser Erde zeigt, ist ein riesiges, sich selbst erhaltendes »*Gaia*«-System, wenn auch im Lauf der Zeit seine sämtlichen Teile immer wieder ausgeschieden und ersetzt werden. Und indem wir noch größere Einheiten in den Blick fassen, erkennen wir, daß auch das Sonnensystem und ein Teil dessen, die Milchstraße, ebenfalls Systeme sind; ja auch die Metagalaxie, als deren Komponente ebenfalls die Milchstraße anzusehen ist.

Manche Systeme existieren relativ lange – ein stabiles Atom etwa, oder die Biosphäre als Ganzes. Andere sind kurzlebiger, zum Beispiel eine Eintagsfliege oder eine Streikpostenkette. Doch während ein System existiert, gleichgültig wie lange, besitzt es eine spezifische Struktur, gebildet aus sich selbst erhaltenden Beziehungen zwischen den Teilen, und weist nicht rückführbare, nur ihm eigentümliche Merkmale auf. Wollen wir mehr über diese Einheiten wissen, so müssen wir sie eben als Systeme auffassen, d.h. als Ganzheiten mit individuellen Eigenschaften. Auf diese Art können wir viel über sie herausfinden: Wie sie sich unter verschiedenen Bedingungen verhalten, wie sie sich entwickeln oder verfallen, welche Teile oder Subsysteme innerhalb des Ganzen dominieren und so weiter. Es wäre ganz sinnlos, solche Informationen durch die Beobachtung der speziellen Wechselwirkungen der Einzelelemente des Systems erhalten zu wollen – es gibt deren viel zu viele.

Die Welt, in der wir leben, ist eine komplexe Welt, das menschliche Wissen jedoch endlich und begrenzt. »Die Natur kommt nicht so sauber daher, wie wir sie uns theoretisch denken können«, gab Alfred North Whitehead zu bedenken und ging sogleich dazu über, eine extrem »saubere«, elegante Kosmologie zu entwerfen. Da Theorien, wie Fensterscheiben, nur durchsichtig sein können, wenn sie sauber sind, und die Welt nicht »so sauber daherkommt« wie unsere Theorien, müssen wir uns darüber im klaren sein, wo wir mit unseren Säuberungsaktionen ansetzen sollen. Zwar sind wissenschaftliche Theorien immer einfacher als die Wirklichkeit, doch müssen sie immerhin deren Wesensstruktur widerspiegeln. Die Wissenschaft muß sich also davor hüten, die Komplexität einer Struktur zugunsten der Einfachheit einer Theorie preiszugeben. Das hieße, das Kind mit dem Bad auszuschütten.

Spezialisten konzentrieren sich auf das Detail und vernachlässigen die umfassendere Struktur, die dem Detail erst seine Bedeutung gibt. Systemwissenschaftler dagegen konzentrieren sich auf die Struktur auf allen Stufen des Umfangs und der Komplexität und ordnen das Detail in diesen Rahmen ein. Sie befassen sich mit Beziehungen und Situationen, nicht mit atomistischen Fakten und Ereignissen. Dadurch sind sie in der Lage, weit mehr Erkenntnisse über weit mehr Gegenstände zu gewinnen als die Spezialisten der »harten Fakten«, obwohl ihre Erkenntnisse dann allgemeiner und nicht so genau sind. Doch ist ein auch nur begrenztes Wissen über organisierte Komplexität dem Detailwissen über atomisierte einfachste Beziehungen vorzuziehen, wenn es sich bei der organisierten Komplexität um unsere Welt handelt. Wollen wir die Wirklichkeit richtig begreifen, so bleibt uns nichts anderes übrig, als unsere Forschungsobjekte als Systeme mit eigenen Eigenschaften und Strukturen aufzufassen. Auf diese Weise können wir Systeme verschiedener Art vergleichen, ihre gegenseitigen Beziehungen im Rahmen noch größerer Systeme untersuchen und den Grundzusammenhang zwischen ihnen allen deutlich machen. Wollen wir wirklich verstehen, wer wir sind und wie unsere Welt aussieht, ist die Entwicklung einer allgemeinen Systemtheorie eine zwingende Notwendigkeit.

»Systemwissenschaften« schießen derzeit wie Pilze aus dem Boden, da moderne Wissenschaftler in vielen Forschungsbereichen organisierte Ganzheiten entdecken. In fast allen Zweigen der Natur- und Gesellschaftswissenschaften werden heute Systemtheorien angewandt, und auch in den Geisteswissenschaften sind sie auf dem Vormarsch. In ihren Methoden sind sie ungemein flexibel. Sie beschränken den Forscher nicht auf einen einzigen Beziehungszusammenhang als Untersuchungsobjekt. Er kann vielmehr entsprechend seinen Forschungsinteressen von einer Stufe zur andern überwechseln. Systemwissenschaften können sich mit einer Zelle oder einem Atom als System befassen, aber auch mit einem Organ, einem Organismus, der Familie, der Gesellschaft, der Nation, der Volkswirtschaft und der Ökologie als Systeme, ja sogar mit der Biosphäre – dem Gaia-System – als Ganzes. In einer Hinsicht ist ein System immer ein ganzes System, in einer anderen ein Teilsystem. Doch die Methoden der Systemtheorie behandeln Systeme stets als aus ihren verschiedenen Komponenten bestehende integrierte Ganzheiten, niemals als mechanistische Aggregate von Teilen, die in isolierbaren Kausalbeziehungen zueinander stehen.

Der Gegensatz der Weltanschauungen

Die ganzheitliche Sicht der Systemwissenschaft steht im Gegensatz zur atomistischen, mechanistischen Weltanschauung der klassischen Naturwissenschaft. Das zeigt sich zum Beispiel in folgenden Punkten:

• Die Weltanschauung der klassischen Naturwissenschaft begriff die *Natur* als eine gigantische Maschine, bestehend aus vielen komplizierten, aber austauschbaren mechanischen Teilen. Die neue Systemwissenschaft dagegen betrachtet die Natur als einen Organismus mit unauswechselbaren Elementen und einer ursprünglichen, doch nicht determinierten Zweckgerichtetheit. Sie entwickelt sich selbst und verfügt über Spontaneität.

• Die klassische Weltsicht war *atomistisch*. Sie betrachtete ihre Objekte als getrennt von der Natur und die Menschen als getrennt voneinander und von ihrer Umgebung. Die Anschauung der Systemtheorie dagegen nimmt die Verbindungen und die Kommunikation zwischen Mensch und Mensch und zwischen Mensch und Natur wahr. Sie legt Wert auf den Umstand, daß es in der Welt der Natur und des Menschen integrierte Gemeinschaften und fortlaufende Abstimmung aufeinander gibt.

• Die klassische Weltsicht war zudem *materialistisch*. Für sie waren alle Dinge voneinander getrennte, exakt meßbare Gegenstände. Die Anschauung der Systemtheorie gibt dem Begriff Materie eine neue Bedeutung als einer Konfiguration von fließenden, interagierenden Energien und läßt auch Wahrscheinlichkeitsverläufe, autopoietische (sich selbst herstellende) Akte sowie Unvorhersagbarkeit zu.

• In der Anwendung ihrer Theorien auf den *Alltag* übertrieb die klassische Weltsicht die Bedeutung materieller Güter und begünstigte machthungriges Konkurrenzstreben. Für die neue Sicht sind Information und daher auch Ausbildung, Kommunikation und menschliche Dienstleistung wichtiger als die Anhäufung materieller Güter und das Streben nach Macht.

22

- Der klassischen Weltsicht galt *Wachstum* im materiellen Bereich als höchstes Ziel des sozioökonomischen Fortschritts. Daher förderte sie den immer größeren Verbrauch (und indirekt die Vergeudung) von Energien, Rohstoffen und anderen Ressourcen. Die Sicht der Systemwissenschaft aber richtet sich in erster Linie auf das aus sozialen und wirtschaftlichen Elementen gebildete Ganze und fördert eine bestandsorientierte Entwicklung durch Flexibilität und Anpassung kooperativer, interagierender Teile.

- Die klassische Weltsicht dachte *eurozentrisch*. Für sie waren die industrialisierten Länder des Westens das Vorbild für Fortschritt und Entwicklung. Die ganzheitliche Sicht bezieht die große Vielfalt der menschlichen Kulturen und Gesellschaften in ihre Überlegungen mit ein und betrachtet sie als gleich wertvoll. Wenn sie sie unterscheidet, dann im Hinblick darauf, wie sie zum Bestand des Ganzen beitragen und die Bedürfnisse ihrer Mitglieder befriedigen.

- Die klassische Weltsicht dachte außerdem *anthropozentrisch*. Für sie war der Mensch ein Wesen, das die Natur zu seinen Zwecken beherrscht und steuert. Die Systemsicht dagegen betrachtet den Menschen als organischen Teil innerhalb eines sich selbst erhaltenden und entwickelnden Ganzen, das den Rahmen und die Voraussetzung für alles Leben auf diesem Planeten bildet.

- Bei der Anwendung der klassischen Weltsicht auf die Medizin erschien der menschliche Körper als Maschine, die durch physische, das Persönliche außer acht lassende Eingriffe und Behandlungen immer wieder repariert werden muß. Seelische Probleme glaubte man von körperlichen trennen und entsprechend isoliert behandeln zu können. Legt man der ärztlichen Diagnose aber die Sicht der Systemtheorie zugrunde, so ist der Körper ein aus interagierenden Teilen bestehendes System, und Körper und Geist sind nicht voneinander zu trennen. Die Gesundheit des ganzen Systems steht im Vordergrund, und um sie zu gewährleisten, müssen psychische und zwischenmenschliche Verhältnisse ebenso berücksichtigt werden wie physische und physiologische Faktoren.

Die Verlagerung des Interesses von der klassischen zur systemwissenschaftlichen Weltsicht ist dringend geboten. Weltanschauungen sind Gesamtheiten von Begriffen, Vorstellungen, Werten und Gewohnheiten, die in einer Gemeinschaft gelten und die Handlungen ihrer Mitglieder steuern. Eine Weltanschauung kann in einer kleinen Gemeinschaft Gültigkeit besitzen, etwa einem Forscherteam, oder einer großen, wie etwa einer ganzen Kultur. Sie kann dazu beitragen, daß der Mensch das Wesen der Welt, in der er lebt, versteht und durchschaut, ebenso seine Rolle und Identität in dieser Welt. Handelt es sich bei einer Weltanschauung um ein kohärentes, umfassendes System, so kann sie einen Menschen darüber hinaus auf seinem Weg durch die aufeinanderfolgenden Lebensabschnitte begleiten, von der Kindheit über die Jugend bis ins erwachsene und hohe Alter hinein. Und wenn sie dem Menschen bewußt ist, vermag sie ihm Leitbilder an die Hand zu geben, nach denen er die ihm entsprechenden zwischenmenschlichen Beziehungen und gesellschaftlichen Rollen aufzubauen und einen ihn erfüllenden Beruf zu finden vermag.

In der Gesellschaft des Westens hatten das mythische Weltbild der Antike und das dogmatische des Mittelalters eines Tages ihre Gültigkeit verloren. Das daraus resultierende Vakuum mußte gefüllt werden: Es wurde durch die Wissenschaft gefüllt. Die von der Newtonschen Wissenschaft inspirierte atomistische Weltsicht versprach, die Funktionen einer umfassenden und den Menschen auch bewußten Weltanschauung zu übernehmen. Marxisten ihrerseits glaubten, ein wissenschaftliches Weltbild werde eines Tages das Bedürfnis des Menschen nach Mythos und Religion überhaupt ablösen. In unseren Tagen jedoch wird der Mensch zunehmend skeptisch gegenüber der Verheißung einer aus den klassischen Inhalten der Wissenschaft abgeleiteten Weltanschauung. Entfremdung und Anomie greifen um sich, und der Glaube an ein atomistisches Konzept verspricht kaum Abhilfe. Das Bedürfnis, über das von der klassischen Wissenschaft bestimmte Weltbild hinauszugehen und zu einem integrierteren, aber nicht weniger überprüften und überprüfbaren Weltbild zu gelangen, wird immer dringender.

Natürlich dürfen wir nicht erwarten, daß alles, was eine Weltanschauung leisten sollte, nur von den Wissenschaften bereitgestellt werden kann. Wir müssen uns zusätzlich auf die Erkenntnisse der Religion und auf humanistische Werte stützen. Doch können und müssen wir uns darüber im klaren sein, daß die Avantgarde der modernen Wissenschaftler Möglichkeiten zur Schaffung einer nicht atomistischen, sondern ganzheitlichen Weltsicht zur Verfügung stellt, die das Bedürfnis nach praktischer »Lebenshilfe« in unserer Zeit durchaus zu befriedigen vermag. Diese neue Weltsicht kann uns die

Schlüssel, die Symbole, die Orientierung, ja sogar detaillierte Modelle an die Hand geben, durch die es uns möglich wird, die kritischen Probleme dieser immer mehr globalisierten und deshalb ganzheitlich wirkenden Welt zu lösen.

2
Was ist ein System?

Atomistische und ganzheitliche Denkweisen haben in der abendländischen Wissenschaftsgeschichte einander abgewechselt. Das wissenschaftliche Denken der Antike war ganzheitlich, aber spekulativ. Die frühe moderne Wissenschaft dachte betont empirisch, aber atomistisch. Beide Wege führen nicht zur vollen Wahrheit: der erste, weil er an Stelle der Erforschung der Fakten Glauben und direkte Einsicht setzt, der zweite, weil er die Kohärenz auf dem Altar der Faktizität opfert. Heute jedoch vollzieht sich ein neuer Wandel im Denken: der Übergang zu faktenbezogenen und gleichwohl ganzheitlichen Denkweisen. Das bedeutet, daß man Tatsachen und Ereignisse in den Rahmen von Ganzheiten einordnet, die integrierte Gebilde mit eigenen Eigenschaften und Beziehungen bilden. Auf diese Weise werden der Atomismus, das mechanistische Denken und die unkoordinierte Spezialisierung überwunden: Man betrachtet jetzt die Welt im Rahmen ganzheitlicher, integrierter Beziehungsgefüge.

Eine ganzheitliche Perspektive

Das Denken in Systemen vermittelt eine ganzheitliche Perspektive auf die uns umgebende Welt und auf uns selbst als Teile dieser Welt. Es ist eine Methode, unser Wissen im Rahmen von Systemen, Systemeigenschaften und intersystemischen Beziehungen zu organisieren – vielleicht neu zu organisieren. Bevor wir uns damit befassen, welche Weltsicht sich aus einer solchen Organisation unseres aktuellen Wissens ergeben würde, sollten wir eine grundsätzliche Frage klären, nämlich: »Was ist eigentlich ein System?« Solange wir nicht wissen, was das Wesen eines Systems ist, bleibt die ganze neue Weltsicht, die wir auf dem Schlüsselbegriff »System« aufbauen wollen, bestenfalls nebulös. Wir wollen versuchen, in diesem Kapitel eine knappe, doch hoffentlich klare und vernünftige Antwort auf diese Frage zu geben.

Oft existiert ein »System« überhaupt nur in unserem Bewußtsein. Ein »theologisches System« oder ein »System der Logik« etwa existiert nur in den Köpfen der Menschen und ist nicht Inhalt der Welt, die sie bewohnen. Bis vor nicht allzu langer Zeit bezeichnete der Begriff »System« lediglich solche abstrakten »Wesenheiten«. Das hat sich inzwischen geändert. Viele der uns umgebenden Systeme sind Systeme der realen Welt: Sie haben ihren festen Platz in der Realität, unabhängig davon, ob wir sie denken oder nicht. Das gilt etwa für ein politisches System (im Gegensatz zu einem System politischer Prinzipien), ein Wirtschaftssystem, ein Gesellschaftssystem und so weiter. Ähnliches gilt für neuartige Systeme unserer Zeit wie Computersysteme, die Hard- und Software und vielleicht ein ganzes Datennetz enthalten. Das sind konkrete Systeme, nicht nur gedankliche Entwürfe.

Was noch bemerkenswerter ist: Wir definieren inzwischen sehr vieles als System, was bislang nicht als solches bezeichnet wurde. So grundverschiedene »Dinge« wie Galaxien, Organismen und Umweltbedingungen werden heute als ebensoviele verschiedenartige Systeme aufgefaßt: astronomische Systeme, biologische Systeme, ökologische Systeme und so weiter. Auf den ersten Blick könnte es so aussehen, als würden dadurch die Unterschiede zwischen ihnen verwischt, was auf einen neuen Reduktionismus hinausliefe. Statt die Dinge wie Demokrit auf ein Zusammenspiel von Atomen zu reduzieren, reduzierten wie sie jetzt auf das Systemkonzept.

Doch folgen solche Mißverständnisse keineswegs automatisch aus dem Denken in Systemen. Sicher ist es eine Vereinfachung, von Systemen an sich zu sprechen. Aber dabei handelt es sich nicht um ein reduktionistisches Vorgehen. Während der traditionelle Reduktionismus darauf aus war, bei aller Verschiedenheit der Dinge die ihnen zugrundeliegende Gemeinsamkeit zu entdecken, und zwar in bezug auf eine allen gemeinsame *Substanz* wie etwa materielle Atome, sucht die moderne Systemtheorie gemeinsame Eigenschaften in bezug auf Aspekte der *Organisation*. Reduktionismus ist, wenn man etwa einen Stall, ein Wohnhaus und ein Bürogebäude gleichermaßen als aus Ziegeln und Beton errichtete Bauten betrachtet, ohne Rücksicht auf die Unterschiede. Die Systemwissenschaft dagegen faßt die Bauten jeweils als spezifische Organisation der Materialien auf, die jedem Gebäude den ihm eigentümlichen Charakter verleiht. Sie entdeckt sich wiederholende Muster in der Organisation, wie Fußböden, Türen und Fenster, und bewertet sie als Variationen eines allen gemeinsamen Themas. Sie behauptet jedoch nicht, man könne einen Stall, ein Wohnhaus und ein Bürogebäude auf ein- und diesel-

ben Grundelemente reduzieren, indem man sie in einzelne Ziegel-
und Betonstücke zerlegt. Eine derartige Reduktion eliminiert gerade
das, was für jedes Gebäude wesentlich ist: die Organisation der Materialien in unterschiedlich funktionierenden Ganzheiten.

Ist Vereinfachung jedoch auch im Hinblick auf die Organisation
möglich? Hier wäre daran zu erinnern, daß schon jede Theorie Verallgemeinerung bedeutet: Sie generalisiert verschiedenen Dingen zugrundeliegende Gemeinsamkeiten. Diese abstrahierten Gemeinsamkeiten sind die sich wiederholenden Merkmale der untersuchten
Phänomene, ihre unveränderlichen Kennzeichen: die *Invarianzen*.
Die Frage ist dabei nur, welche der sich wiederholenden Merkmale
man als die grundlegenden, die wesentlichen Invarianzen isoliert. Die
klassische Naturwissenschaft isolierte Substanzen und kausale Beziehungen zwischen selbständigen Teilchen. Die moderne Wissenschaft
konzentriert sich auf die Organisation: Also weder darauf, was ein
Ding an sich ist, noch welche Wirkung es auf ein anderes Ding ausübt.
Sie untersucht, wie zusammenhängende Ereignisse strukturiert sind
und wie sie im Verhältnis zu ihrer »Umgebung« funktionieren – zu
anderen Ding-Gefügen, die ebenfalls in Raum und Zeit strukturiert
sind. Das sind die prozessualen Invarianzen bei Systemen der empirischen Welt. Wir wollen sie *Organisationsinvarianzen* nennen.

Die Bedeutung der Organisationsinvarianzen

Bei fast allen Dingen, denen wir in der Erfahrung begegnen, gibt es
Invarianzen in verschiedenen Graden der Verallgemeinerung. Nehmen wir beispielsweise einen Menschen. Auf der beschränktesten
Generalisierungsebene zeigt er die Invarianz eines bestimmten Fa-
milientyps, von den Eltern ererbt oder erziehungsbedingt. Schon etwas umfassendere Invarianzen kennzeichnen seine Physiologie und
seinen persönlichen Charakter. Ein Mensch kann gelassen oder ehr-
geizig sein, liebevoll oder gleichgültig, dünn oder dick, bleich oder
rotbäckig – und so fort. Auch kann er oder sie Geschäftsmann oder
Lehrerin, Krankenschwester oder Soldat sein. Das sind also umfassendere Invarianzen, die einzelne mit größeren Menschengruppen
gemeinsam haben. Außerdem ist ein Mensch Bürger eines Staates
oder Untertan eines Herrschers, und schließlich Angehöriger der
Menschheit. Dies ist die umfassendste Invarianz, die sich mit dem
Begriff »Mensch« verbinden läßt.

30

Aber »Mensch« ist noch nicht der letzte Begriff, unter den wir eine Person subsumieren können. Wir können noch weitergehen und sagen, sie sei, zusätzlich zu allem anderen oben Erwähnten, auch ein »Lebewesen«. Jetzt sind in unserer Definition Millionen von Tier- und Pflanzenarten zu Land und zu Wasser miteinbegriffen. Natürlich würden wir uns oder irgendeine andere Person dadurch, daß wir sie als »Lebewesen« bezeichnen, nicht besonders gut definieren – eine solche Verallgemeinerung erlaubt es nicht einmal, einen Menschen von einem Seeigel zu unterscheiden. Trotzdem erfaßt die Definition eine Organisationsinvarianz, nämlich das, was Struktur und Funktion eines Menschen mit denen eines Seeigels und aller anderen Lebensformen gemeinsam haben. Und so etwas kann sehr bedeutsam sein, wenn wir die Abstammung des Menschen und seine jetzige Natur und Aufgabe im Gesamtplan der Dinge verstehen wollen.

Die Begriffe »Leben« und »Materie« – oder »organisch« und »anorganisch« – sind, seit man mit Organisationsinvarianzen arbeitet, als letzte Definitionen längst nicht mehr so brauchbar wie früher. Denn nirgends läßt sich eine exakte Grenzlinie zwischen dem Lebendigen und dem Nichtlebendigen ziehen. Die berühmte Amöbe ist ein einzelliges »Tier«, das die Kriterien allen Lebens erfüllt: Stoffwechsel und Fortpflanzung. Wie alle anderen Dinge, die wir lebendig nennen, verdaut sie Substanzen aus ihrer Umgebung, scheidet Abfallprodukte aus und pflanzt sich fort. So verhält sie sich in grundlegender Hinsicht wie der Mensch. Doch schon ein Virus ist nicht mehr so leicht zu klassifizieren. Beim Kontakt mit dem Körper eines Wirtsorganismus verhält es sich wie ein Lebewesen. Ohne Kontakt zu einem solchen Körper aber weist es die Merkmale eines komplexen Kristalls auf.

Doch ist das nicht der einzige Grund, weshalb es zwecklos ist, feste Grenzen zwischen dem Lebendigen und dem Nichtlebendigen ziehen zu wollen. Viele Dinge nämlich, die wir bisher als nichtlebendig (oder anorganisch) bezeichnet haben, zeigen Organisationsmerkmale alles Lebendigen. Sie nehmen Substanzen oder Energien auf und scheiden sie aus. Sie behaupten sich auch unter veränderten Bedingungen, und manche von ihnen wachsen sogar und entwickeln sich zu neuen, komplexeren Formen. Eine Kerzenflamme zum Beispiel behält ihre Form auch inmitten hin- und herströmender Energien und Substanzen bei, doch würde man sie nicht als lebendig bezeichnen – außer in einem poetischen Bild. Das gleiche gilt für einen Wasserfall, das Auge eines Taifuns, eine Stadt, ein Ökosystem, eine

Universität, eine Nation und sogar für die Vereinten Nationen. All diese »Dinge« würden wir nicht »lebendig« nennen. Also gibt es offenbar Organisationsinvarianzen, die einige anorganische, alle organischen und die meisten supraorganischen beziehungsweise sozialen Gefüge miteinander in Beziehung setzen. Solche »Dinge« könnten wir durch Begriffe charakterisieren, welche die ihnen gemeinsamen Invarianzen beschreiben und definieren. Ein solcher Begriff würde uns zwar weniger als etwa das Wort »Lebewesen« über die individuellen Merkmale einer Person erzählen, jedoch mehr über ihre Abstammung, ihr Wesen und ihre Aufgabe in einem größeren Zusammenhang. Der geeignete Ausdruck für diese höchste Ebene der Organisationsinvarianzen ist »natürliches System«. Dabei ist »natürlich« der Gegensatz zu »künstlich«, nicht zu »sozial«. Jedes System, das seine Existenz nicht der bewußten menschlichen Planung und Ausführung verdankt, ist in diesem Sinne ein natürliches System – einschließlich des Menschen selbst und vieler multipersoneller Systeme, zu denen er gehört.

Der Begriff des natürlichen Systems ist weit gefaßt, sein Inhalt entsprechend allgemein. Trotzdem ist es kein leerer Begriff. Wir können Aussagen über natürliche Systeme machen, durch die sie sich von anderen, nichtnatürlichen Dingen und Dingen, die keine Systemcharakteristika aufweisen, unterscheiden. So ist »natürliches System« nicht etwa eine hochtrabende, unsinnige Wortbildung, sondern besitzt reale Inhalte. Er läßt sich umgekehrt zum Beispiel nicht auf einen Stuhl, eine Uhr, einen Felsen oder ein Haus anwenden.

Natürliche Systeme

Einen Menschen bezeichnen wir als natürliches System, ebenso Atome, Moleküle, Zellen, Organe, Familien, Gemeinden, Institutionen, Organisationen, Staaten und Nationen. Aber heben wir dadurch nicht alle Unterschiede zwischen ihnen auf? Keineswegs. Wir behaupten ja nicht, daß die Wortschöpfung »natürliches System« all diese »Wesenheiten« vollständig beschriebe. Es ist überhaupt unmöglich, an irgendeinem Ding alles zu beschreiben. Weniger allgemeine Begriffe aber beschreiben mehr Eigenschaften an weniger Arten von Dingen als solche von großer Allgemeinheit. Wir verallgemeinern mit diesem Begriff »natürliches System« nicht mehr, als wenn wir von einer Person als von einem Menschen oder Lebewesen sprechen.

32

Unter dem Begriff »Mensch« subsumieren wir wesentliche Eigenschaften, die wir alle besitzen, während durch den Begriff »Lebewesen« andere, grundlegendere Eigenschaften beschrieben werden. Genauso fassen wir im Begriff »natürliches System« Eigenschaften, nur von noch fundamentalerer Art. Es sind jene Eigenschaften, die allen organisierten und komplexen Phänomenen der Natur gemeinsam sind und uns die Möglichkeit geben, sie unter einen Allgemeinbegriff zu subsumieren. Ein Mensch ist ein natürliches System, wenn er die Merkmale auch anderer natürlicher Systeme aufweist. Und diese Merkmale sagen etwas sehr Wesentliches über den Menschen aus. Sie definieren seine »Natur«, um einen etwas veralteten Ausdruck zu gebrauchen. Jedenfalls zeigen sie uns, was seine psychische, physiologische und soziale Organisation mit einer großen Anzahl natürlicher Phänomene gemeinsam hat, und erzählen uns so, was für ein Wesen der Mensch eigentlich ist.

Je allgemeiner ein Begriff, desto weiter die Invarianz, die er umfaßt. Er zeigt uns dann weniger die individuellen Besonderheiten eines Gegenstandes, sagt uns aber mehr darüber, was er mit anderen Gegenständen gemeinsam hat. Wer im Rahmen des Systemdenkens wissen möchte, was eigentlich einen Menschen ausmacht, definiert ihn als natürliches Phänomen mit komplexer Organisation: als natürliches System. Forscht der Betreffende dann weiter danach, was einen Menschen von ihm verwandten natürlichen Systemen unterscheidet, so bestimmt er zunächst die zahlreichen Kriterien, die organische Systeme überhaupt, und dann jene, die den Menschen als einen Organismus besonderer Art charakterisieren. Er kann sodann die Ebene der umfassenden Generalisierungen verlassen und ein gegebenes Individuum als eine bestimmte Variante der psychischen, physiologischen und sozialen Merkmale des *Homo sapiens* betrachten, bis es schließlich als einmalige Persönlichkeit definiert ist. Dies ist die Methode der Definition durch Spezifikation. Sie zeigt, daß Einzelheit und Allgemeinheit einander umgekehrt proportional sind. Noch wichtiger: Sie zeigt, *daß eine Einzelheit die Spezifikation einer allgemeineren Eigenschaft ist. Sie kann nur vor dem Hintergrund der letzteren als dem eigentlichen Bezugsrahmen verstanden werden.*

Wir kennen das Wesen unseres Sohnes nicht, solange wir ihn nicht als in der Natur auftretendes System auffassen, das bestimmte Eigenschaften mit allen anderen Systemen seiner Art gemeinsam hat. Seine Charaktereigentümlichkeiten sind Spezifikationen dieser Eigenschaften. Wenn er weint, weil eines seiner Lieblingsspielzeuge aus Versehen in einem tieferen Regalfach verwahrt wurde, zeigen sich bestimmte Eigentümlichkeiten seines Charakters. Wenn er lacht, weil ihm sein älterer Bruder einen alten Familienwitz erzählt, hängt das mit einem charakteristischen Familienmerkmal zusammen. Kommt er mit neuen Kenntnissen und stolz auf seine Leistungen aus der Schule heim, bezieht sich das auf ein soziales Merkmal. Hat er Halsweh, weil seine Mandeln entzündet sind, so ist ein Aspekt der menschlichen Physiologie mit im Spiel. Und so geht es weiter, bis wir auf die Grundstruktur seiner Energien, Informationen und Substanzen stoßen, durch die das Kind, als System organisierter Komplexität, in der Lage ist, den dauernden Verschleiß der Teile, aus denen es besteht, auszugleichen und zu wachsen statt zu verkümmern.

Wir sind erstens natürliche Systeme, zweitens Lebewesen, drittens Menschen, viertens Mitglieder einer Gesellschaft und Kultur, und fünftens eigenständige Individuen – nach diesem Muster können wir unsere eigene Klassifikation vornehmen. Jedenfalls kennen wir uns dann, wenn wir wissen, wie gewisse grundlegende Merkmale der organisierten Natur so spezifiziert sind, daß sie ein Individuum *sui generis* hervorbringen – ein bestimmtes Individuum, als das wir uns bei näherer Bekanntschaft mit uns selbst erkennen.

3
Die systemwissenschaftliche Sicht der Natur

Sind wir einmal von der Bedeutsamkeit der Invarianzen einer Organisation für unser Verständnis eines Sektors der organisierten Komplexität überzeugt, so können wir dazu übergehen, einige Grundmerkmale natürlicher Systeme als solche zu skizzieren. Es sind die Organisationsmerkmale, die allen ganzheitlichen Gegebenheiten gemeinsam sind. Jede Ganzheit spezifiziert diese Merkmale entsprechend ihrer Gattung, Art und Individualität.

Doch bevor wir uns mit einigen dieser Grundmerkmale intensiver beschäftigen, müssen wir noch eine Frage beantworten, nämlich: Wie ist es überhaupt möglich, die allgemeinen Merkmale der Organisation natürlicher Systeme aufzuspüren? Soviel ist klar: Wollten wir die Methode anwenden, jeden Gegenstand, von dem wir vermuten, er könnte ein natürliches System sein, zu untersuchen und die Merkmale der jeweiligen Gegenstände miteinander zu vergleichen, so stünden wir vor einer Aufgabe, die selbst beim Einsatz von Computern als Hilfsmittel Menschenkraft und -intelligenz bei weitem überstiege. Zum Glück gibt es noch eine andere Methode. Das mag überraschend klingen für alle, die der Ansicht sind, Theorien könnten nur auf der Grundlage einer Klassifizierung relevanter Beobachtungen formuliert werden. Dennoch wird diese alternative Methode überall in den fortgeschritteneren modernen Wissenschaften angewandt. Es ist die »hypothetisch-deduktive« Methode: Man stellt eine Arbeitshypothese auf und prüft dann, ob sie der Erfahrung standhält. Das bedeutet für uns: Statt zu fragen: »Welches sind die überall beobachteten Merkmale der Gegenstände, die wir als natürliches System bezeichnen?« fragen wir: »Welches sind die Merkmale, die jeder beobachtete Gegenstand aufweisen *muß*, wenn er als natürliches System gelten soll?« Wir formulieren also zunächst abstrakt die Eigenschaften natürlicher Systeme und versuchen dann herauszufinden, ob diese Eigenschaften an irgendwelchen beobachteten Gegenständen auftreten. Der große Vorteil dieser Methode ist ihre Effizienz: Wir liegen vielleicht nicht nur richtig, aber wir wissen wenigstens, wonach wir Ausschau halten müssen. Finden wir das Postulierte nicht, so können wir unsere Hypothese jederzeit ändern.

Dieses Verfahren ist sicherlich dem Versuch vorzuziehen, rein alles, auf das wir bei unseren Beobachtungen stoßen, zu katalogisieren, besonders wenn wir es mit einer großen Anzahl von Dingen zu tun haben.

Welche charakteristischen Merkmale muß also ein Gegenstand besitzen, den wir als natürliches System bezeichnen? In den letzten Jahrzehnten sind eine Reihe isomorpher Theorien und Parallelbegriffe in den verschiedensten Disziplinen der Natur- und Sozialwissenschaften entstanden. Das ermöglicht uns die Formulierung der gesuchten Organisationsinvarianzen. Diese Invarianzen ziehen sich durch alle Bereiche der physikalischen, biologischen und sozialen Phänomene und gelten für alle Systeme organisierter Komplexität – wo auch immer solche Systeme auftreten und wie sie auch entstanden sein mögen. Die im folgenden aufgestellten Grundsätze bieten eine Zusammenfassung der Ergebnisse der modernen Wissenschaft und liefern uns ein scharf umrissenes Bild von der Natur als ganzer.

Wir gehen dabei von vier miteinander verknüpften Grundsätzen aus. Jeder von ihnen beschreibt eine Organisationsinvarianz. In ihrer Gesamtheit spezifizieren sie wesentliche Merkmale sozialer, biologischer und physikalischer Gegebenheiten, die dann im Licht jedes dieser Merkmale als natürliche Systeme gelten können. Man kann heute eine solche Gesamtschau geben, ohne sich in rein imaginäre Spekulationen zu verlieren. Denn in den Theorien der modernen Wissenschaftsdisziplinen haben sich inzwischen bemerkenswerte Parallelen ergeben. Das ist ein Beweis für die Kohärenz einer neuen Weltsicht von umfassender Geltung und geschlossener Konsistenz.

Der soeben skizzierten Methode folgend werden wir also jetzt so vorgehen, daß wir die vier Organisationsinvarianzen eine nach der anderen vorstellen, ihre Bedeutung erklären und sie dann im Hinblick auf die jeweiligen Disziplinen der Natur- oder Sozialwissenschaften erläutern.

Grundsatz 1:
Natürliche Systeme sind Ganzheiten
mit nicht weiter reduzierbaren Eigenschaften

»Ganzheiten« und »Haufen« sind keine mysteriösen metaphysischen Begriffe, sondern genau, sogar mathematisch definierbare Zustände komplexer Einheiten. Der entscheidende Unterschied zwischen beiden liegt darin, daß Ganzheiten nicht einfach die Summe ihrer Teile sind, während das bei Haufen der Fall ist. Zum Beispiel ein Haufen Müll: Fügt man eine Büchse hinzu oder nimmt eine Sprudelflasche weg, so verändert das den Haufen nur quantitativ – er wird einfach größer oder kleiner, und kein anderes Merkmal ändert sich. Wir können die Eigenschaften eines dazugehörigen Gegenstandes hinzufügen oder entfernen – die charakteristischen Merkmale bleiben stets additiv. Mit anderen Worten: Die Eigenschaften des Teiles verändern das Wesen des Haufens als ganzen nicht. Dasselbe gilt für einen Haufen Ziegelsteine, die Tropfen eines Regenschauers oder eine zufällige Menschenmenge auf einem öffentlichen Platz. Ein Teil mehr oder weniger heißt nur, daß die physikalische Masse und äußeren Eigenschaften dieses besonderen Teils hinzugefügt oder entfernt werden. Vergleichen wir jetzt aber dieses formlose Konglomerat mit einer Einheit, die, auf der Grundlage gegenseitiger Abhängigkeit ihrer Teile, eine bestimmte Struktur besitzt. Im einfachsten Fall besteht eine solche Einheit aus zwei miteinander in Wechselwirkung stehenden Teilen, wobei das Ergebnis der Wechselwirkung mehr ist als die bloße Summe ihrer jeweiligen Eigenschaften. Freundschaft und Liebe sind solche Beziehungen. Bei Freunden und einem Liebespaar besitzen die individuellen Partner nicht sämtliche Eigenschaften der Beziehung. Denn eine solche Beziehung ist nicht nur die Freundschaft Jürgens für Michael oder Michaels Freundschaft für Jürgen, oder Peters Liebe für Marianne und Mariannes Liebe für Peter. Es gibt darüber hinaus *unsere* Freundschaft und *unsere* Liebe, was mehr ist, als jeder in sich selbst hat – wie es die romantische Literatur nicht müde wird zu betonen.

Das war auch Platos große Entdeckung: die Dialektik. Nach Plato können zwei Menschen dadurch, daß sie einander fragen und antworten, der Wahrheit näherkommen als jeder für sich allein. Das Ergebnis dieser »Dialektik« ist nicht nur eine Addition des Wissen des einen mit dem des anderen. Es ist etwas, was keiner von beiden vorher wußte und was keiner allein für sich hätte erkennen können.

38

Eine solche Zweiheit bildet ein Ganzes mit Eigenschaften, die nicht auf die Eigenschaften der einzelnen Individuen zurückgeführt werden können.

Noch überzeugender ist das folgende Beispiel: Psychologen erforschen das Wesen kleiner und großer Gruppen als *Gruppen*. Da sich Menschen in kleinen, privaten Gruppen anders verhalten als in großen, öffentlichen, lassen sich Dinge über ein spezielles Gruppenverhalten von Menschen aussagen, die eher auf die Struktur der Gruppe als solcher denn auf die Individualitäten der Mitglieder zurückzuführen sind. Die Eigenschaften der Gruppe sind nicht auf die Eigenschaften ihrer individuellen Mitglieder rückführbar, wohl aber auf die Eigenschaften ihrer Mitglieder plus deren gegenseitige Beziehungen. Wollte man jedoch den Charakter der Gruppe berechnen, indem man die individuellen Eigenschaften und Beziehungen aller Mitglieder zusammenzählte, so wäre das ein hoffnungslos kompliziertes, völlig vergebliches Unterfangen. Die Gruppe weist als Gruppe einer bestimmten Art Merkmale auf und behält diese Eigenschaften vielleicht auch dann, wenn alle einzelnen Mitglieder ausgetauscht werden. Deshalb ist es sinnvoll, sich mit der Gruppe als Gruppe – also mit ihr als einer Ganzheit – zu beschäftigen, die mit nicht reduzierbaren Eigenschaften ausgestattet ist.

Ganzheitliche Merkmale sind bei den von uns beobachteten Einheiten weit verbreitet. Ein paar Beispiele dafür haben wir schon betrachtet, etwa einen Haufen Ziegelsteine oder zufällige Menschenansammlungen. Jetzt ist es an der Zeit, systematischer vorzugehen. Wir tun das, indem wir unserem Plan folgen und jedes einzelne der hypothetisch vorausgesetzten Merkmale natürlicher Systeme in bezug auf unsere Erfahrung mit der Natur untersuchen.

»Natur« ist ein großes Wort; wir müssen zunächst klären, welche Art Phänomene wir darunter verstehen. Die systemwissenschaftliche Weltsicht kennt keine absoluten Kategorien, in die sich natürliche Einheiten der verschiedensten Art mühelos einordnen ließen. Doch einige vorläufige Kategorien brauchen wir immerhin, um unsere Daten zu organisieren und ihre spezifische Bedeutung aufzuzeigen. Wir wollen daher anstelle der üblicheren Kategorien – anorganisch, organisch, sozial – die Kategorien »suborganisch«, »organisch« und »supraorganisch« verwenden. Darunter verstehen wir weniger »Kategorien« als vielmehr »Stufen« der Realität, die sich eher in bezug auf den Modus ihrer Organisation als auf ihr Wesen oder ihre Substanz unterscheiden. Mit »suborganisch« wollen wir im allgemeinen die

Gegenstände der Physik, mit »organisch« die Gegenstände der Biologie und mit »supraorganisch« den Bereich der Sozialwissenschaften bezeichnen. Indem wir die jeweils damit zusammenhängenden Daten betrachten, gelangen wir in erster Annäherung zu einer Bewertung der Eigenschaften, die natürliche Systeme – unsere Grundkategorie – charakterisieren.

1. Gibt es Einheiten in der *suborganischen* Welt, deren Eigenschaften als Ganzheiten nicht auf die Eigenschaften ihrer einzelnen voneinander trennbaren Teile zurückführbar sind? Dies ist unsere erste Frage, und schon in ihrem Vorfeld sind sorgfältige Überlegungen angebracht.

Atome wurden bis zum Entstehen der modernen Atomtheorie als die unteilbaren Bausteine der physischen Realität angesehen. Die moderne Atomtheorie aber hat gezeigt, daß Atome komplexe, teilbare Gegebenheiten sind. Daraufhin glaubte man, die Elementarteilchen der Atome seien unteilbar. Aber auch bei ihnen stellte sich heraus, daß sie in strahlende Energiequanten, d.h. in Entsprechungen zu mehreren Subpartikeln, gespalten werden können. Man suchte weiter nach dem festen Grund der materiellen Realität, und fand als letzte Kandidaten die der Materie sehr unähnlichen »Quarks«. Sie lassen sich nicht voneinander isolieren und treten, so weit man weiß, nur in Zusammensetzungen auf.

Andererseits wissen wir, daß Atome als eigenständige Strukturen existieren. Jede Komponente eines Atoms besitzt bestimmte Eigenschaften (manche, wie der sogenannte Spin, sind dermaßen abstrakt, daß sie sich nur mathematisch definieren lassen), und so auch das Atom als Ganzes. Die Eigenschaften des Atoms sind nicht aus der Zusammenfügung der Eigenschaften all seiner Teile zu erklären. Nähmen wir das Neutron, Proton und Elektron eines Wasserstoffatoms und fügten sie irgendwie beliebig zusammen, so wäre die Wahrscheinlichkeit groß, daß nicht wieder ein Wasserstoffatom entstünde. Die Eigenschaften des Wasserstoffatoms sind die Eigenschaften seiner Teile plus die in der gegebenen Struktur genau festgelegten Beziehungen der Teile untereinander. Man beschreibt diese Beziehungen normalerweise mit dem Ausdruck »Kraftpotentialfelder« (etwa Felder der Elektronen oder Kerne). Die Wissenschaft der Mikrophysik wäre viel einfacher, wenn Atome bloße Mengen wären wie Müllhaufen oder Regentropfen. Aber sie sind es nicht.

2. Obiges gilt auch für Organismen, die Grundeinheiten im Reich des *Organischen*. Könnten wir durch irgendeine geniale Methode einen Organismus, ohne ihn zu töten, in die ihn konstituierenden Zellen, Moleküle und Atome zerlegen und wieder zusammenfügen, so würden wir denselben Organismus nur dann wieder erhalten (d.h. einen mit genau denselben Merkmalen), wenn wir (oder der Organismus selbst – denn manche Schwämme sind dazu in der Lage) jede einzelne Zelle mit allen anderen in genau der gleichen Weise wie vorher verbänden. Alle Organismen sind grundsätzlich aus den gleichen Substanzen aufgebaut: Die Zellen bestehen aus Molekülen, die Moleküle aus Kohlenstoff-, Wasserstoff-, Sauerstoff-, Stickstoff-, Jod-, Phosphor-, Kalium-, Schwefel-, Kalzium-, Natrium-, Chlor- und Eisenatomen und ein paar anderen Atomarten. Der Unterschied zwischen Cäsar und einem Schimpansen ist nicht einer der Substanz, sondern des Beziehungsgefüges der Substanzen.

Auch das Gehirn, dieses feinste und komplizierteste aller uns bekannten Organe, ist nicht nur eine wahllos zusammengewürfelte Masse von Neuronen. Ein Genie muß zwar mehr graue Masse als ein Spatz besitzen, aber ein Idiot kann genau so viel davon haben wie das Genie. Der Unterschied zwischen ihnen kann nur in der Art und Weise liegen, wie diese Substanz organisiert ist. Da es die Kapazität eines menschlichen Gehirns übersteigt, die genauen Beziehungen jedes Neurons zu jedem anderen zu erfassen (denn kein System ist in der Lage, so viel Informationen zu verarbeiten, wie zur Beschreibung aller Aspekte eines anderen Systems gleicher Komplexität erforderlich wäre. Das bedeutet: Niemand kann sich selbst oder jemanden, der so komplex ist wie er selbst, völlig ausloten), muß auch das Gehirn als Ganzes, zumindest aber seine Subsysteme (die Hemisphären, Bereiche oder Lappen), als Ganzheit mit irreduzierbaren Eigenschaften aufgefaßt werden.

Und genau wie das Atom, der Organismus und das Gehirn ist auch die menschliche *Persönlichkeit* – ein ziemlich vager, aber zunehmend zum Gegenstand der Forschung werdender Aspekt des Menschen – ein irreduzierbares Ganzes. Was immer eine Persönlichkeit sein mag: Jung, Freud, Maslow und andere führende Psychologen betonen übereinstimmend, sie sei jedenfalls nicht die bloße Summe unserer Empfindungen, Willensimpulse, Instinkte und Begriffe. Eine Persönlichkeit ist die integrierte Einheit all dieser in wechselseitiger Beziehung stehenden Faktoren. Ob wir nun zugeben wollen, daß es so etwas wie das Unbewußte gibt, oder nicht – auf jeden Fall müssen wir einräumen, daß wir die Fähigkeit, sagen wir zu lieben, nicht unabhängig von der Fähigkeit zu denken, zu wollen oder zu fürchten besitzen. All diese Züge unserer Persönlichkeit stehen in Wechselwirkung miteinander und konstituieren ein integriertes »Persönlichkeitssyndrom«, das als Ganzheit agiert und Eigenschaften der Ganzheit besitzt. Das ist es, was wir als »meine Persönlichkeit« oder einfach als »Ich« bezeichnen.

3. Die ganzheitliche Natur *supraorganischer* Einheiten, wie zum Beispiel Gruppen, haben wir bereits erörtert. Ob es sich bei solchen Gruppen um Studenten handelt, die eine Vorlesung in Geschichte hören, um Politiker, die ein politisches Problem diskutieren, oder um eine Fußballmannschaft, die versucht, den Ball durch die gegnerische Abwehr zu manövrieren – immer haben wir es mit Eigenschaften vieler Individuen zu tun, die zusammenwirken und in den besonderen Eigenschaften des Ganzen ihren Ausdruck finden.

Auch hier ist das, was eine Gruppe ausmacht, nicht die Tatsache, daß sie viele Mitglieder hat, sondern die *Beziehungen* der Mitglieder untereinander. Der Umstand, daß bei physikalischen Einheiten wie Atomen Wechselwirkungen der Teile in Form von interagierenden Kraftpotentialfeldern, bei Einheiten wie Organismen Beziehungen zwischen den Teilen mit Hilfe physikochemischer Mittel und bei multipersonellen Organisationen Kommunikationsvorgänge wieder ganz anderer Art auftreten, steht nicht im Widerspruch zu ihrem holistischen Charakter. So kann etwa die Kommunikation zwischen den Angestellten einer Firma viele Formen annehmen, von Gesten und gesprochenen Worten bis zu schriftlichen, verbalen und mathematischen Symbolen, die vielleicht noch mittels komplizierter Geräte übertragen werden. Doch in all diesen Formen bleibt es *Kommunikation,* das heißt wirksame, die Partner wechselseitig beeinflussende Interaktion. Solcher Kommunikation ist es zu verdanken, daß soziale Institutionen und Organisationen als eigenständige Einheiten operieren und Eigenschaften besitzen, die ihrem singulären Verhalten entsprechen.

Wir haben einen kurzen Blick auf einige wesentliche Einheiten im Bereich des Suborganischen, Organischen und Supraorganischen geworfen und unseren ersten Grundsatz auf sie bezogen: daß natürliche Systeme Ganzheiten mit nicht weiter reduzierbaren Eigenschaften sind. Wir haben festgestellt, daß so unterschiedliche Gegebenheiten wie Atome, Organismen und multipersonelle Organisationen diesem

Kriterium genügen. Gehen wir jetzt weiter und skizzieren den nächsten der vier Grundsätze, die die Organisationsinvarianz natürlicher Systeme definieren.

Grundsatz 2:
Natürliche Systeme erhalten sich selbst in sich verändernder Umgebung

Jedem Beobachter drängt sich auf, daß nichts auf unbegrenzte Dauer so bleibt, wie es ist. Wohin wir auch blicken: Alles entwickelt und entfaltet sich oder vergeht und stirbt wieder. Nur sehr wenig von dem, was unsere Augen erblicken, bleibt auch nur längere Zeit konstant. Sogar Berge fallen der Erosion zum Opfer, und Kontinente verschieben sich unmerklich langsam. Die meisten uns bekannten Dinge sind außerstande, dem unausweichlichen Verschleiß ihrer Teile etwas entgegenzusetzen: Sie vergehen oder desorganisieren sich im Lauf der Zeit. Das gilt für eine Fabrik genauso wie für ein Auto. Sie bedürfen ständiger Wartung, um ihren gegenwärtigen Zustand aufrechtzuerhalten. Außerdem brauchen sie, um funktionieren zu können, äußere Zufuhr von Betriebsstoffen. Denn gewöhnliche Gegenstände können die für ihr Funktionieren und ihren guten Zustand erforderlichen Energien nicht selbst erzeugen. Natürliche Systeme aber können es. Wie vollbringen sie diese bemerkenswerte Leistung?

Daß die physische Welt in ihrer Gesamtheit vergeht, drückt eines der fundamentalsten Naturgesetze aus, der sogenannte *zweite thermodynamische Hauptsatz.* Er stellt fest, daß eine »Entropie« genannte Quantität sich in einem isolierten System im Lauf der Zeit nur vermehren kann. Entropie oder ihre Umkehrung ist ein Maß für die in einem System im Hinblick auf die Art, wie seine Komponenten organisiert sind, verfügbare freie Energie. Ein Haus zum Beispiel mit vollem Heizöltank und guter Elektrizitätsspeicherung ist so organisiert, daß es für eine Zeitlang über genügend Energie zur eigenen Beheizung und Beleuchtung und zum Betrieb einer Anzahl elektrischer Geräte verfügt. Doch können das Heizöl und die in Batterien gespeicherte Elektrizität ausgehen. und so wird das Haus im Lauf der Zeit kalt und dunkel werden. Daher werden die meisten Häuser regelmäßig mit Heizöl beliefert und kontinuierlich mit Elektrizität aus einem Kraftwerk versorgt. Das Versiegen der Energie wird somit hinausgeschoben, aber nicht völlig verhindert. Im Moment jedenfalls muß das Haus seine Betriebsenergien von außen beziehen, und es ist immer auch die Frage, wie lange die Vorräte draußen vorhalten. Heizöl ist fossiler Brennstoff, entstanden in weit zurückliegenden erdgeschichtlichen Perioden, und zwar durch Prozesse, die die Ansammlung unterirdischer Erdölvorräte zur Folge hatten. Diese Vorräte können sich natürlich erschöpfen. Elektrizität andererseits wird durch Verbrennung von Kohle erzeugt (abgesehen von Atomkraftwerken), die ebenfalls ein nicht unerschöpfliches fossiles Erzeugnis ist, oder durch irgendeine Naturkraft, etwa einen Wasserfall, der zum Antrieb von Generatoren benutzt wird.

Die Frage ist immer, wie lange solche Energien verfügbar bleiben. Manche, etwa nukleare Energien, stehen zwar für sehr lange Zeiträume zur Verfügung, doch gibt es keinen Energievorrat, der unbegrenzt wäre. Es werden schließlich alle auf der Oberfläche der Erde verfügbaren freien Energien verbraucht sein, und dann ist das Haus – jedes Haus – endgültig kalt und dunkel. (Das setzt natürlich voraus, daß kein Sonnenlicht als Energiequelle aus dem Weltraum mehr verfügbar ist, was allerdings in absehbarer Zeit nicht eintreten dürfte.) Das Entropieprinzip besagt, daß in einem gegebenen isolierten System Energie, die für die Organisation seiner Komponenten gespeichert ist, verbraucht wird, so daß parallel dazu Desorganisation auftritt. Als isoliertes System würde unser Haus ziemlich schnell zugrundegehen. Ein mit den Energievorräten eines ganzen Kontinents verbundenes Haus dagegen bildet ein System weit umfassenderer Art und hätte daher eine entsprechend höhere Lebenserwartung. Und ein Haus, das mit dem System von Sonne und Erde verbunden wäre, wäre ein ungeheuer umfassendes System mit gewaltigen Energiereserven. Dennoch vergehen all diese Systeme schließlich, mag es auch noch so lange dauern.

Gewöhnliche Gegenstände vergehen also, falls sie nicht mit Energien von außen gefüttert und von außen repariert oder mit Ersatzteilen versorgt werden. Auch ganze physikalische Systeme vergehen, von anderen Systemen abgeschnitten, auf diese Art. Doch gibt es Ausnahmen von dieser Regel: Sie befinden sich im *Innern* jener geschlossenen Systeme, von denen der zweite thermodynamische Hauptsatz spricht. Dieses Gesetz ist nämlich sehr weitherzig; es legt nicht fest, *wie* ein solches System vergeht. Es kann auch sehr ungleichmäßig vergehen. So ist zum Beispiel gut möglich, daß es zwar in seiner Gesamtheit vergeht, während zugleich in manchen Bereichen oder Teilen ein Aufschwung erfolgt. Das heißt, es kann Subsy-

44

steme innerhalb eines Gesamtsystems geben, die sich im Lauf der Zeit immer höher organisieren, statt sich zu desorganisieren. Natürlich ist das übrige System dann einem entsprechenden Niedergang unterworfen, und die Energiebilanz ist aufs Ganze gesehen stets negativ – mehr Energie wird verbraucht, als erzeugt wird. Das System als Ganzes desorganisiert sich, während einige seiner Teile sich auf Kosten des Übrigen höher organisieren. Es ist, wie wenn wir die in den Batterien unseres Hauses gespeicherte Elektrizität dazu benützten, weitere Batterien zu produzieren. Wir stecken dann die verfügbare Energie in die neuen Batterien, verbrauchen dazu aber mehr Energie aus den ursprünglichen Batterien, als wir aus den neuen erhalten. Im Ganzen hat sich die uns zur Verfügung stehende Energiemenge verringert, selbst wenn sie lokal (in den neuen Batterien) angewachsen ist. Das ganze System erlebt einen Niedergang, einige seiner Teile jedoch einen Aufschwung.

Wenn ein gegebener Gegenstand sich selbst in guter Verfassung halten soll, so muß er als Subsystem innerhalb des ganzen Systems, das seinen Energienachschub bestimmt, funktionieren. Er muß so organisiert sein, daß er Energien aus seiner Umgebung bezieht und sie, indem er funktioniert, verbraucht. Das heißt, er muß Substanzen aufnehmen, welche Energien solcher Form enthalten, daß er sie für seine Zwecke verwenden kann. Er scheidet dann Energieabfallprodukte in Gestalt verbrauchter Substanzen aus und verschlechtert in dieser Hinsicht die Qualität seiner Umgebung. Aber die aufgenommenen Energien kann er dazu benützen, als Subsystem weiter zu funktionieren. All dies gilt unmittelbar für die Erhaltung jedes Subsystems im Rahmen einer bestimmbaren Zeitperiode. Natürliche Systeme brauchen Nachschub, um funktionieren und einen gegebenen Zustand aufrechterhalten zu können.

Die besondere Konfiguration von Teilen und Beziehungen, die in einem sich selbst erhaltenden und wiederherstellenden System aufrechterhalten wird, nennt man »Fließgleichgewicht«. Es ist ein Zustand, bei dem Energien kontinuierlich dazu verwendet werden, die Beziehungen der Teile des Systems untereinander aufrechtzuerhalten und sie vor dem Zusammenbruch und Verfall zu bewahren. Dabei handelt es sich also um einen dynamischen, nicht um einen toten oder trägen Zustand. Und er verletzt kein Prinzip der physikalischen Realität.

Die technische Definition eines natürlichen Systems lautet: ein »offenes System im Fließgleichgewicht«. »Offenheit« bezieht sich dabei auf die Aktivitäten des Systems, Energien von außen aufzunehmen, die es braucht, um »im Gleichgewicht« bleiben zu können. Wir Menschen sind offene natürliche Systeme, ebenso die unseren Körper aufbauenden Zellen, sowie die ökologischen Zusammenhänge und die Gesellschaften, die wir gemeinsam mit unseren Mitmenschen und anderen Lebewesen bilden. Insofern sind wir tatsächlich in eine Welt der natürlichen Systeme eingebettet. (Dieser Umstand wird noch wichtig werden, wenn wir über unsere Zukunft und unsere Werte sprechen.)

Betrachten wir nun die Merkmale verschiedener suborganischer, organischer und supraorganischer Einheiten und prüfen, ob diese die hier beschriebenen Eigenschaften aufweisen.

1. Das fundamentale System des Reiches der Physik ist das Atom. Atome können stabil oder instabil sein. Sind sie stabil, so sind ihre Energien so fest integriert, daß sie einander im Gleichgewicht halten und die atomare Struktur sich in Zeit und Raum behauptet. Instabile Atome besitzen dynamische Instabilitäten, im allgemeinen aufgrund einer höchst komplexen Struktur: Sie bestehen aus zahlreichen Protonen im Kern und einer entsprechend hohen Anzahl Elektronen auf den Schalen.

Stabile Atome gelten im allgemeinen als geschlossene Systeme: Sie tauschen keine Energien mit ihrer Umgebung aus, können jedoch durch hohe Energien und Temperaturen beeinflußt werden. Atome dieser Art widerstehen dem vom zweiten thermodynamischen Hauptsatz vorausgesagten allgemeinen Abbau der Energie. Sie blockieren die Entropie innerhalb ihrer Struktur. Die die Atomstruktur im Gleichgewicht haltenden inneren Kräfte sind im Vergleich zum Umfang des Atoms dermaßen groß, daß äußere Kräfte es kaum zu sprengen vermögen. Große Hitze ist allerdings eine Kraft, die die Hülle des Atoms zu durchdringen imstande ist, und hohe Temperaturen sowie Partikel von hoher Geschwindigkeit sind äußere Kräfte, die stabile Atome zerstören können. Unter solchen Bedingungen sind die von außen zugeführten Kräfte stärker als die im Atomkern wirkenden Bindekräfte, und es kommt zu einer Kernspaltung oder Kernfusion. In unseren Kernkraftwerken oder Kernwaffen werden solche Bedingungen künstlich hergestellt, während sie im Innern aller leuchtenden Sterne, einschließlich der Sonne, dauernd gegeben sind.

Eine Folge dieses Prozesses kann eine »Kerntransmutation« sein: Die Verwandlung eines kernstrukturellen Typs in einen andern, wobei sich mehrere Kerne der früheren Art bei der Bildung des neuen vereinigen. Energien, die in der neuen Struktur nicht in die Konfiguration im Gleichgewicht befindlicher Energien passen, werden dabei freigesetzt. Das sind die Strahlungen, die für das Leuchten eines Sterns, sein Licht und seine Hitze verantwortlich sind.

Sehr merkwürdig ist das Verhalten des Atoms, wenn es Strahlungen ausgesetzt wird, die intensiv genug sind, seine Hülle zu durchdringen, doch nicht so stark, um den Kern aufzubrechen. Unter Elektronenbeschuß absorbiert das Atom diese Strahlungsenergie, sendet aber zugleich eine entsprechende Energiemenge, die seiner eigenen Struktur entstammt, aus, normalerweise in Form eines seiner Elektronen. Wenn das Atom die Extraenergie von außen absorbiert, so bezeichnet man es als »angeregt«, und es strahlt das »Anregungspotential« wieder ab, sobald es sich in seinen Normalzustand (den Zustand der Grundenergie) zurückbegibt.

Diese Prozesse werden gewöhnlich nicht im Rahmen der Theorie offener Systeme betrachtet. Es sind Ereignisse von nur kurzer Lebensdauer, die lange ereignislose Perioden im Leben stabiler Atome unterbrechen, und zwar unter gemäßigteren Bedingungen, als sie im Innern der Sterne herrschen. Sie zeigen jedoch, daß Atome imstande sind, sich in einer sich verändernden Umgebung zu behaupten. Das schaffen sie ganz aus eigener Kraft, es sei denn, sie würden durch exzessive Hitze oder hochenergetische Teilchen großer Geschwindigkeit aus dem stabilen Gleichgewicht gebracht. Und sogar dann sind sie zu den für ihre Fortexistenz notwendigen Anpassungen in der Lage: Entweder indem sie ihre Elektronenstruktur rasch der neuen Situation anpassen oder dadurch, daß sie das gesamte atomare Feldgefüge vollständig neu organisieren.

Stabile Atome unterliegen also, im Gegensatz zur allgemeinen Tendenz der physischen Natur, keinem Verfall. Sie behaupten sich selbst, ja können sich sogar in höher organisierte Atome verwandeln. Aber selbstverständlich stehen auch nukleare Transmutationen nicht im Widerspruch zum zweiten thermodynamischen Hauptsatz. Denn die Summe der dem Atom zur Verfügung stehenden Energie wird mit diesen Transmutationen kleiner, da überschüssige Energien abgestrahlt und dadurch der weiteren Arbeit entzogen werden. Infolgedessen brennen Sterne aus, während gleichzeitig ihre Atome, anfangs meist Wasserstoff, komplexer werden und sich höher organisieren.

2. Wechseln wir nun den Schauplatz und betrachten Organismen, wie wir sie hier auf der Erde kennen. Wir stoßen dabei auf analoge Prozesse der Selbsterhaltung, nur in viel deutlicherer Form. Organismen sind während ihres ganzen Lebens offene Systeme. Sie könnten ohne die dauernde Aufnahme und Abgabe von Energien, Substanzen und Informationen nicht länger als wenige Minuten existieren. Man stelle sich nur einmal vor, welche Überlebenschancen ein Organismus hätte, dem alle Kanäle nach innen und nach außen verstopft würden: keine Luft, kein Wasser, keine Nahrung, keine sinnesorganische Information, keine Ausscheidung von Abfällen – kurz, keine Interaktion oder Kommunikation mit der Außenwelt! Kein Organismus könnte sich unter solchen Umständen am Leben erhalten.

Organismen nehmen aber nicht nur ununterbrochen Substanzen, Energien und Informationen auf und geben sie wieder ab, sondern es werden auch, was noch bemerkenswerter ist, *all* ihre Teile langsam aber sicher ausgetauscht. Organismen sind also Kerzenflammen oder Wasserfällen sehr ähnlich, insofern als sie ihre Form erhalten, während sie ständig etwas aufnehmen und abgeben und all ihre Teile erneuern. Doch anders als Kerzenflammen und Wasserfälle sind Organismen in der Lage, die ihnen eigentümliche Struktur unter sehr unterschiedlichen Randbedingungen aufrechtzuerhalten. Sie können sich ihren »Brennstoff« beschaffen und eigene Reparaturen vornehmen, selbst wenn sich ihre Umwelt verändert.

Natürlich übersteigen allzu drastische Änderungen der Umweltbedingungen die Anpassungsfähigkeit eines jeden Organismus. Menschen können zwar ihre irdischen Verhältnisse auf die Mondoberfläche exportieren und dadurch diese ziemlich drastische Veränderung der Lebensumstände kompensieren. Doch gegen einen auf den Kopf fallenden Ziegelstein ist kein Kraut gewachsen. Andere Organismen, wie Insekten mit weichem Körper, sind gegen derartige Kräfte widerstandsfähiger, haben aber weniger Möglichkeiten, ihnen auszuweichen. Aber sei es durch Geschicklichkeit, sei es durch Konstitution: Alle Organismen halten ihre Lebenskonstanten innerhalb eines gewissen Variationsspektrums der Lebensbedingungen aufrecht.

Das bemerkenswerteste Phänomen im Bereich der Selbsterhaltung von Organismen ist die sogenannte »Homöostase«. Der von dem Physiologen Walter Cannon 1939 geprägte Begriff bezieht sich auf die präzisen Regulationsmechanismen warmblütiger Tiere. Sie halten ihre Körpertemperatur trotz Änderungen des sie umgebenden Mediums konstant, ebenso ihren Blutdruck, die Zucker- und Eisen-

48

konzentration und eine Reihe anderer lebenswichtiger Substanzen und Bedingungen.

Der entwickelte Organismus reguliert seine Innenwelt selbst, ganz ähnlich wie ein Thermostat die Temperatur einer Wohnung reguliert. Zu diesem Zweck braucht er zuverlässige Informationen über den Zustand seiner Umgebung. Er erhält sie über die Sinnesrezeptoren (Augen, Ohren, Nase, Tastorgane und Geschmack), die ihm alles Notwendige über das Medium, in dem er lebt, zutragen. Verändern sich die Bedingungen auf lebensbedrohliche Weise, kann der Organismus Schritte zum eigenen Schutz unternehmen: Er kann sich, wenn er entsprechende Vorrichtungen besitzt, entfernen, seine Schalen schließen oder seine Verteidigungsmechanismen in Gang setzen. Feiner organisierte Organismen brauchen Vorwarnsysteme für Gefahrensituationen und die Fähigkeit, die entsprechenden Sinnessignale zu interpretieren. Sie müssen bis zu einem gewissen Grad »voraussehen« können, was passiert (ein Kaninchen zum Beispiel kann, wenn es einen Fuchs wittert, »voraussehen«, daß es höchstwahrscheinlich angegriffen wird) und entsprechend reagieren.

Wir Menschen haben mehr als alle anderen Organismen solche vorausschauenden und interpretativen Fähigkeiten entwickelt. Wir sind von diesen Fähigkeiten sogar schon so abhängig geworden, daß sich viele unserer natürlichen physischen Verteidigungswaffen zurückgebildet haben. Weder können wir gut genug kämpfen noch schnell genug laufen, um beim Angriff eines großen Raubtiers zu bestehen. Doch besitzen wir statt dessen die Fähigkeit, zu erkennen, was bei einem solchen Angriff geschieht. Daher sind wir in der Lage, entweder Präventivmaßnahmen zu treffen oder mittels Werkzeugen und Instrumenten zum Gegenangriff überzugehen. Der Mensch vermag sein Dasein zu sichern, indem er seine vorausschauenden und technischen Fähigkeiten einsetzt.

Der lebende Organismus erhält seine Lebensprozesse aufrecht, solange es irgendwie geht, und nimmt, falls er beschädigt wird, Reparaturen vor: Das sind die Heilungs- und Regenerationsprozesse. Sehr komplexe Organismen jedoch verfügen in dieser Hinsicht über keine unbegrenzten Möglichkeiten und erliegen allmählich inneren Verschleißerscheinungen, auch wenn sie äußerlich kaum beschädigt sein sollten: dem Alterungsprozeß. Um aber trotzdem ihr Leben zu erhalten, ist es diesen Arten geglückt, einen Weg zur Selbstfortsetzung durch eine Art »Superreparatur« zu finden: die Fortpflanzung.

Statt einen beschädigten oder alten *Teil* zu ersetzen, ersetzen sie das *Ganze*. Dadurch unterliegt der individuelle Organismus dem uns so vertrauten Lebenszyklus von Geburt, Reifung und Tod, reproduziert sich in dessen Verlauf aber selbst und hält auf diese Weise die Gattung am Leben. Das Individuum ist jetzt wie die Kräuselung auf der Oberfläche einer großen Meereswoge: Es ist wie die Kräuselung räumlich und zeitlich begrenzt, während die Gattung, als die große Welle, umfassend und dauerhaft ist. Aber alle Kräuselungen zusammengenommen ergeben den Gesamtschwung der Woge.

Der in und von den Organismen aufrechterhaltene Zustand ist das Fließgleichgewicht. Wie erwähnt, handelt es sich dabei um ein dynamisches Gleichgewicht zwischen Energien und Substanzen, das immer aktiv ist. Niemals ist es bloße Ruhe wie etwa der Zustand einer abgelaufenen Uhr. Im Gegenteil: Das Fließgleichgewicht der Organismen ähnelt eher einer aufgezogenen Uhr, bei der alle Kräfte zur Durchführung der notwendigen Prozesse vorhanden sind. Das Interessante am Organismus ist jedoch, daß er, anders als eine Uhr, sich selbst in aufgezogenem Zustand erhält und damit der generellen Tendenz in allen Dingen, zu vergehen, entgegenarbeitet. Er vermag das dadurch, daß er hochorganisierte Energien (Wasser, Luft, Nährstoffe, Sonnenlicht) aufnimmt und aufbricht. Die freigesetzte Energie benützt er dann dazu, sich selbst zu erhalten und zu wachsen. Er scheidet außerdem degenerierte Art der Energie aus (verbrauchte Luft, Körperabfälle), die von einigen anderen Arten noch verwendet werden kann.

Pflanzen beziehen Energie von der Sonne und kombinieren sie mit verbrauchten tierischen Substanzen. Dadurch recyceln sie Energien und bereiten sie für komplexere Organismen wieder auf. Die gesamte Natur ist, worauf die Ökologen hinweisen, eine Art riesiges, sich selbst regulierendes Recycling-System, das Energie von der Sonne bezieht und sich ohne Überschüsse und mit minimalem Abfall am Leben erhält. Sie ist ein wunderbar ausgewogener Mechanismus, vergleichbar einer Reihe terrassierter Katarakte und Wirbel in einem großen Strom, wobei die Energie, um das Wasser immer wieder zur Quelle hinaufzuschaffen, von der Sonne geliefert wird. Die Substanzen und Energien vollziehen ein ums andere Mal ihre Kreisläufe, sind jetzt Teil dieses Kataraktes, dann jenes Wirbels, und werden abwechselnd energetisch auf- und abgewertet.

3. Wieder ändert sich das Bild, wenn wir die supraorganische Sphäre betrachten, doch kehren auch hier viele wichtige Elemente von früher wieder. Hier bilden ganze Organismen gemeinsam zahlreiche sich verändernde Muster, die jedoch verhältnismäßig dauerhaft sind. Diese Muster haben die Tendenz, Ganzheiten mit nicht reduzierbaren Merkmalen zu bilden, ebenso die Tendenz, sich selbst fortzusetzen. Diese Fähigkeit, sich selbst zu erhalten und wiederherzustellen, wie sie Menschen eigentümlich ist, ist das, was uns im Augenblick interessiert.

Würden sich Menschen zu Gruppen zusammenschließen, wann und solange es ihnen beliebt, so wären Gruppen und Gemeinschaften tatsächlich nur ephemere Phänomene. Ein Fußballer würde sich dann, wenn er Lust dazu hätte, gerade in dem Moment zum Ausruhen hinsetzen, wo er angespielt wird, oder ein Soldat würde seine Waffen wegwerfen, wenn er vom Krieg genug hätte. Aber so ist es im wirklichen Leben nicht. Hier gibt es Regeln, Normen und Gesetze, sogar Prinzipien, an denen wir grundsätzlich festhalten. Als weitere Faktoren kommen Bräuche und einfach die Macht der Gewohnheit hinzu, neben einer angeborenen Neigung des Menschen, mit seiner Kultur und Gesellschaft konform zu gehen. Sogar ein Menschenauflauf gehorcht irgendwelchen nicht formulierten und manchmal den Teilnehmern ganz unbewußten Regeln, die ihm für einige Zeit Kontinuität sichern.

Zwar haben manche Gruppen eine eingebaute Tendenz zur Selbstauflösung, etwa einmalige Trainingsprogramme für Manager oder Techniker, die mit einer neuen Entwicklung vertraut gemacht werden sollen. Doch die meisten Gruppen besitzen bis zu einem gewissen Grad Dauerhaftigkeit. Es kann sein, daß sie über einen »Durchfluß« verfügen (einen sie durchfließenden Menschenstrom), aber ihre Struktur bleibt trotzdem wie sie ist. Eine Vorlesung an der Universität zum Beispiel wechselt ihre studentische Hörerschaft in jedem Semester, wo sie angesetzt ist. Doch als Teil des Studiengangs selbst hat sie eine gewisse Dauerhaftigkeit. Kontinuität liegt in der Art, wie sie gehalten wird und ob und wie die Studenten dabei auch selbst zu Wort kommen. Freilich kann sich auch diese Form ändern, was jedoch nicht vom Wechsel der studentischen Hörer, sondern eher von neuen Einsichten des Professors abhängt. Und da sich die Methode des Professors langsamer zu ändern pflegt als die Belegung durch die Studenten, bleibt im Lauf der Jahre ein gewisses Muster erhalten, nach dem der Studiengang abläuft.

In der Organisation multipersoneller Gruppen gibt es zahlreiche Grade der Solidität beziehungsweise Flexibilität. Der springende Punkt dabei ist aber, daß bei Gruppen immer *konservierende* Faktoren auftreten. Sogar revolutionäre Verschwörer verpflichten sich auf einen Ehrenkodex und ein gemeinsames Verhalten – die sich natürlich von denen des Gesellschaftssystems, welches sie umstürzen wollen, unterscheiden. In größeren Gruppen, die selbst für ihre Subsistenz und Verteidigung sorgen, gibt es stets eine ganze Reihe von strukturkonservierenden Faktoren.

In einer Volkswirtschaft beispielsweise existieren Normen – etwa Paretos »natürlicher Preis« für Güter und Dienstleistungen –, die einen hohen Grad an Selbstregulierung in Produktion, Verteilung und Verbrauch zur Folge haben. Wirtschaftswissenschaftler sprechen von einem Gleichgewicht, nach dem jede Volkswirtschaft strebt, einem Prozeß, der ziemlich deutliche Parallelen zur homöostatischen Selbstregulierung des tierischen Organismus aufweist. Bei größerer Nachfrage steigen die Preise. Höhere Preise aber versprechen größere Gewinne und veranlassen mehr Produzenten, die betreffenden Güter zu erzeugen. Daher entspricht das Angebot schließlich der Nachfrage oder übersteigt sie, so daß die Preise wieder fallen. Daraufhin wird die Produktion eingeschränkt, bis sich nach einer Reihe von Schwankungen eine Art Fließgleichgewicht zwischen Angebot und Nachfrage einstellt. Das gleiche gilt für die Verteidigung: Bedrohung durch äußere Mächte (oder Subversion von innen) veranlaßt die Mobilmachung von Truppen. Ist die Drohung abgewehrt, entwickeln sich die Truppen zur Belastung des Staatssäckels und werden wieder reduziert. Hier herrscht dann Gleichgewicht zwischen Bedrohung der kollektiven Sicherheit auf der einen und den Abwehrmöglichkeiten auf der anderen Seite.

Auch Politik und Rechtsprechung einer Gesellschaft besitzen die Tendenz, sich anzupassen und das individuelle Verhalten der Bürger in Übereinstimmung mit den gegebenen Rechtsbegriffen und objektiven Bedürfnissen der Gesellschaft zu regulieren. Die Regulierung einer Diskrepanz zwischen zu strengen oder zu milden Gesetzen einerseits und den Rechtsbegriffen und gesellschaftlichen Notwendigkeiten andererseits erfolgt durch Reformen des Rechtswesens oder, falls radikale Elemente die Oberhand gewinnen, durch Revolutionen.

Nationale und internationale Strukturen gehorchen analogen Zwängen. Sie verfolgen einen definitiven Kurs, bewahren Konti-

52

nuität inmitten der Flucht der Erscheinungen und erlegen ihren Mitgliedern Verhaltensnormen auf. Wie Atome im Anregungszustand und Organismen unter sich ändernden Bedingungen passen sich auch soziale Strukturen an und adaptieren sich, wobei sie sich weniger in einem Zustand träger Ruhe als dem eines dynamischen Fließgewichts behaupten. Wie eine sich selbst aufziehende Uhr besitzen sie Kräfte, um ihre jeweiligen Funktionen wahrzunehmen und in einem dauernden Bereitschaftszustand zu verharren. Träge Ruhe ist ein sicheres Anzeichen für Verfall, in der supraorganischen Sphäre nicht weniger als in der organischen und suborganischen.

Grundsatz 3:
Natürliche Systeme sind autopoietisch in Wechselwirkung mit der Autopoiese anderer Systeme

Autopoiese in dem hier gemeinten Sinn ist keine auf Wesenheiten wie »Geister« oder »Seelen« begrenzte mysteriöse Kraft. Es ist eine Art der Reaktion auf sich wandelnde Bedingungen, denen durch Anpassung auf der Grundlage einer bereits gegebenen Struktur nicht entsprochen werden kann. In diesem Sinn ist Autopoiese eine Voraussetzung der Evolution überhaupt. Müßten natürliche Systeme unter den vielen Bedingungen, die auf sie einwirken, lediglich den *Status quo* aufrechterhalten, gäbe es keine Evolution, und nichts, was den Namen Fortschritt verdiente. Die Dinge würden entweder immer bleiben, was sie sind, oder untergehen. Doch ist evident, daß viele Dinge nicht nur in der Lage sind, lebensbedrohliche Auswirkungen von Veränderungen in ihrer Umgebung abzuwehren, sondern sich auch fortentwickeln können. Natürliche Systeme bringen neue Strukturen und Funktionen hervor. Sie erzeugen sich im Lauf der Zeit selbst: Sie sind autopoietisch.

Nun gibt es zwei Arten der Veränderung, die hier deutlich unterschieden werden müssen. Die eine ist vorprogrammiert, etwa das Wachstum des Embryos im Mutterleib. Alle Informationen, die das Embryo zum Wachstum benötigt, sind direkt in seiner Genstruktur verschlüsselt. Das Embryo als solches ist nicht schöpferisch – es bildet keine eigenen Entwicklungsmuster aus, sondern folgt bereits festgelegten Wegen. Diese Art der Veränderung ist typisch für die sogenannte »Ontogenese«: das Wachstum und die Reifung junger Exemplare sich selbst reproduzierender Spezies.

Die andere Art der Veränderung ist typisch für die »Phylogenese«, womit die Evolution der Spezies von einer Generation zur nächsten gemeint ist. Phylogenese ist das schöpferische Fortschreiten der Natur zu Neuem, die zukunftsweisende Selbstveränderung ganzer Arten und Populationen von Organismen. Dies ist die Art von Veränderung, die bei der Autopoiese natürlicher Systeme eine Rolle spielt. Sie bezieht sich auf die Fähigkeit von Systemen, selbst die Informationen hervorzubringen, in denen ihre Struktur und ihr Verhalten verschlüsselt sind.

Es empfiehlt sich, hier kurz innezuhalten und eine mit dem Begriff Evolution eng zusammenhängende Problematik zu betrachten. Die Frage lautet: Hat die Evolution ein Ziel, erfüllt sie einen Plan, strebt sie einem bestimmten Endergebnis oder einer Endstufe zu? Gibt es eine allgemeine Matrize, ein Grundgesetz, das alle Dinge von Natur aus zu erfüllen trachten, wie es die klassischen griechischen Philosophen anzunehmen pflegten? Oder ist alles nur ein gigantisches Würfelspiel und regiert der Zufall die Evolution der Arten, ohne daß dem Ganzen ein tieferer Sinn oder Plan zugrundläge?

Die Frage läßt sich heute mit größerer Sicherheit denn je in der Geschichte des wissenschaftlichen Denkens beantworten. Statt zu spekulieren und willkürlich vorläufige Hypothesen aufzustellen, die dieses oder jenes Phänomen erklären sollen, sind wir heute so weit, eine Art Logik in den verschlungenen Pfaden der Evolution erkennen zu können. Diese Logik entdeckten die Mathematiker, Systemtheoretiker, Kybernetiker und ähnliche »spezialisierte Generalisten« in ihren Werkstätten. Ihre Theorien laufen im wesentlichen auf folgendes hinaus:

Angenommen, es gebe eine Anzahl zumindest teilweise organisierter Objekte in einem Feld, einem Raum oder auf einer Fläche – Topologen nennen das eine »Landschaft«. Jedes dieser Objekte steht gewissen Einflüssen aus der Umgebung offen und reagiert darauf. Also wirkt jedes Objekt auf alle anderen ein, direkt oder indirekt, indem es mit seiner Umgebung kommuniziert. Dadurch, daß nun jedes natürliche System (denn dies sind die »Objekte«, die uns hier interessieren) Impulse von seinen Mitsystemen empfängt und darauf antwortet, liefert es neue Impulse für die anderen. Und so wirkt jedes System ununterbrochen auf alle anderen ein, während es selbst auf ähnliche Wirkungen reagiert. Es besteht eine gegenseitige Abhängigkeit der

54

Systeme voneinander, wie bei vernetzten Punkten: Wird die Lage *eines* Punktes verändert, verändert sich die Lage aller anderen je nach ihrem Verhältnis zu dem sich bewegenden Punkt. Bei natürlichen Systemen bewegen sich die »Punkte« selbstverständlich selbst und erzeugen dadurch Bewegung, die wiederum die anderen »Punkte« beeinflußt – es sind aktive Antworten, nicht nur passive Wirkungen. Aufgrund der Vernetzung all dieser »Punkte« – der Systeme – unterliegt das Verhalten aller Systeme einer Koordination, und früher oder später bildet sich ein Beziehungsmuster unter ihnen heraus.

Die vernetzten Systeme sind fähig, nicht nur bestimmte Verhaltensmuster zu wiederholen, sondern auch neue zu erfinden. Das führt dann zu einer progressiven Modifikation ihres Verhaltens: Eine Erfindung fordert Antworten heraus, sobald sie auf andere Systeme einwirkt, und diese antworten, ebenfalls in Form entsprechender Erfindungen. Da aber das Verhalten der Systeme von ihrer Struktur abhängt, muß es auch eine Evolution der Systemstrukturen selbst geben.

Damit sind wir bei den Mechanismen der Evolution angelangt, wie wir sie im Bereich der Biologie kennen. Dort erfolgen von Zeit zu Zeit Erfindungen – »Mutationen«. Wir können davon ausgehen, daß sie vorwiegend nach dem Zufallsprinzip erfolgen, daß der Zufall bestimmt, welches System welche Erfindung zu welchem Zeitpunkt macht. Doch tritt dabei eine gewisse Regelmäßigkeit auf, und es stellt sich überdies heraus, daß manche dieser Erfindungen besser als andere mit den parallel stattfindenden Verhaltensinnovationen der Systeme, mit denen interagiert wird, vereinbar sind.

Zum Zeitpunkt ihres Entstehens sind alle Erfindungen gleich, doch zeigt sich später, daß einige doch »gleicher« sind als andere. Infolgedessen bilden sich auf dem Weg der Innovation bestimmte koordinierte Muster unter den Systemen heraus. Es wird erfolgreiche und erfolglose Erfindungen geben, und die erfolgreichen werden – wie publikumswirksame Stücke am Broadway – lange laufen, während die erfolglosen Bühnen schon kurz nach dem Premierenabend schließen. Im Fortgang der Entwicklung verfeinern sich die erfolgreichen Innovationen immer mehr, während die weniger erfolgreichen eliminiert und »aufgeschluckt« werden. Das Ergebnis ist eine zunehmende Reduktion des Chaos und die allmähliche Herausbildung einer klar erkennbaren Ordnung im Netz der Systeme.

Daß die Reduktion des Chaos immer weiter fortschreitet und sich allmählich eine Ordnung herausbildet, heißt jedoch nicht, daß der

Prozeß selbst glatt und stetig abliefe. In der Natur wie beim Menschen geschieht nichts in einer stetigen, rein linearen Abfolge. Prozesse entwickeln sich bis zu einem kritischen Punkt, dann werden plötzlich Veränderungen ausgelöst. Im Gegensatz dazu sind langsam wachsende Verbesserungen nur selten von grundsätzlicher Bedeutung. Sie können ein System zwar an seine Umgebung anpassen, ändern es aber mit großer Wahrscheinlichkeit nicht radikal und langfristig. Systeme mit höchst komplexer Struktur sind sehr instabil. Sie können in ihrer Umgebung nur überdauern, wenn sie konsequent alle Kräfte abwehren, die ihre Struktur radikal zu verändern drohen.

In allen offenen Systemen, seien es einfache biologische oder komplexe soziokulturelle Systeme, finden sich Feedbacks, die drohende Veränderungen abwehren. Die homöostatischen Mechanismen des menschlichen Körpers sind ein besonders raffiniertes Beispiel für ein solches Feedback auf biologischer Ebene: Sie leiten Korrekturen und Kompensationen ein, sobald abnormale Bedingungen in der Außenwelt auftreten, und zwar dadurch, daß sie entsprechende Änderungen im sogenannten *»milieu interieur«*, dem Inneren des Körpers, hervorrufen. Die juristischen Gesetze und polizeilichen Schutzmaßnahmen der menschlichen Gesellschaft dagegen sind gute Beispiele auf der sozialen Ebene: Auch sie korrigieren und kompensieren durch Präventiv- und Strafmaßnahmen, wenn Abweichungen von den gültigen Normen auftreten. Institutionen jeder Art, von staatlichen Behörden bis zu Kirchenhierarchien, erzeugen Regeln und Regulationsmechanismen und sehen Strafen und Abschreckungsmanöver vor, um die geltende Ordnung sicherzustellen.

Aufgrund der Wirkungen der selbststabilisierenden *Feedbacks* vollzieht sich die Evolution der vernetzten, interagierenden Systeme zwar unaufhaltsam, doch in einem ständigen Auf und Ab. Zeitweilig kommt es zu einem Stillstand, dann nämlich, wenn die offenen Systeme, die das Netz bilden, stabil und gut an ihre Umwelt angepaßt sind. Revolutionen brechen aus, wenn bestimmte Systeme über einen kritischen Punkt hinaus instabil geworden sind und jetzt entweder einen großen Schritt vorwärts machen oder untergehen. Das Schicksal eines Systems in solch einem Netz kann Ähnlichkeit mit dem Leben eines Polizisten haben. Es besteht aus langen Perioden ereignisloser Langeweile, unterbrochen von auf wenige Minuten zusammengedrängten Schnellfeuergefechten.

Ein weiterer Aspekt gehört zu diesem Bild. Wir müssen nämlich auch damit rechnen, daß die gelegentlichen blitzartigen »Einschläge«, die fundamentale, weniger stetige Änderungen in den Systemen verursachen, nicht nur deren innere Struktur, sondern auch ihre Außenbeziehungen neu gestalten.

Nun kann aber die Evolution des Netzes die Funktionen einander benachbarter Systeme so gut aufeinander abstimmen, daß diese Systeme wie ein Team auf Veränderungen in anderen Systemen reagieren. Ein System delegiert dabei bestimmte Teile seiner Antwort auf andere Systeme innerhalb des Teams, wodurch auf besondere Aufgaben spezialisierte Gruppen entstehen. Es ist dann schwierig, innerhalb eines solchen »Teams« noch einzelne Systeme auszumachen, da sich alle Systeme, von außen betrachtet, wie ein einziges verhalten: Sie sprechen eine Sprache. Und weil alles, was sie untereinander bei Ausführung ihrer gemeinsamen Aufgaben tun, immer komplexer wird und kaum noch direkten Bezug auf ihre gemeinsame Wirkung hat, gibt es gute Gründe, sie als ein einziges System aufzufassen. Für einen Beobachter mit menschlicher Intelligenz gehört also auch das Aufgehen ehemals getrennter Systeme in komplexeren Suprasystemen zu den Grundzügen der Evolution.

Die Größe solcher Suprasystem-Formationen ist nur durch die Anzahl der daran beteiligten Systeme begrenzt. Wir können davon ausgehen, daß dann auch Supersysteme mit anderen ihrer Art zusammenarbeiten und Super-Supersysteme bilden, die ebenfalls eigene Systeme darstellen, bis das ganze Netz zu einem gigantischen System herangewachsen ist. Natürlich wird es für dieses letzte System keinen Input mehr geben, denn ansonsten müßte es selbst wieder Teil eines noch umfassenderen Systems sein, und in diesem Fall könnten wir es nicht mehr als »letztes System« bezeichnen. Die Situation dieses Netzes als System ist also verschieden von der jedes ihm angehörenden Systems oder Supersystems. Die Systemeigenschaft des gesamten Netzes ist die Wirkung oder das Ergebnis der Verbindung aller ihm angehörenden Systeme. An ihr ist der Allgemeinzustand abzulesen, zu dem hin alle Ereignisse innerhalb des Netzes tendieren.

Wohin aber bewegt sich ein solches Netz? Es schreitet fort von einem Zustand großer Vielfalt und geringer Koordination zu einem Zustand hoch koordinierter allgemeiner Ordnung. Die Vielen werden Teile der Wenigen, und die Wenigen bilden kohärente Beziehungen aus, durch die sie Teil der letzten Einheit, des Netzes selbst, werden. Doch deswegen hören die Vielen nicht zu existieren auf. Sie werden zwar Teile von Teams und von aus Teams bestehenden

Teams, behalten jedoch trotzdem eine gewisse Individualität bei. Sie existieren als deutlich unterscheidbare Unterabteilungen innerhalb des größeren Ganzen. Darüber hinaus muß man sich ihre Funktionsweise keineswegs rein mechanisch vorstellen, wie Rädchen in einer Maschine. Ihre Funktion kann zum Beispiel auch mehr der des Vizepräsidenten in einer großen Organisation entsprechen. Solche Funktionen sind durch die Situation, in der sich das Individuum vorfindet, nicht eindeutig bestimmt. Auch seine Fähigkeit, auf diese Situation zu reagieren, ist ein entscheidender Faktor im Geschehen. Systeme innerhalb anderer Systeme können also über Autonomie und Entscheidungsfreiheit in diesem Sinne verfügen.

Falls dieses ziemlich abstrakte Szenario eine Analogie zur Evolution in der wirklichen Welt darstellt, lassen sich sinnvolle Antworten auf unsere Ausgangsfrage, ob es einen großen Plan in der Natur gibt, daraus ableiten. Versteht jemand unter einem solchen Plan, daß irgend etwas vorherbestimmt ist und durch absichtlichen Eingriff verwirklicht wird, so lautet die Antwort: Die moderne Wissenschaft weiß nicht, ob ein solcher Plan existiert – und *will* es auch nicht wissen. Versteht jemand unter Plan aber ein erkennbares Entwicklungsmuster, so läuft die Antwort auf ein entschiedenes Ja hinaus. Daß sich die Dinge so entwickeln, wie sie sich entwickeln, und nicht ganz anders, ist, innerhalb gewisser Grenzen, vollkommen logisch und vorhersehbar. Solche vorhersehbaren Kriterien der Entwicklung sind unter anderem: wachsende Koordination ehemals relativ isolierter Einheiten, Entstehung allgemeinerer Ordnungsmuster, Konsolidierung von Individuen in übergeordneten Organisationen und fortschreitende Verfeinerung bestimmter Funktions- und Reaktionstypen.

In der Evolution läßt sich tatsächlich ein Fortschreiten von Vielfalt und Chaos zu Einheit und Ordnung erkennen. Es gibt ferner eine fortschreitende Entwicklung zu komplexen, aus vielen Komponenten bestehenden Einheiten, an Anzahl geringer, im Verhalten aber entschiedener als die früheren Einheiten. Die Evolution schlägt einen bestimmten Weg ein, der sich von anderen Wegen unterscheidet, und bleibt so lange auf diesem Weg, wie es sich mit den Grundgesetzen der Physik verträgt.

Die Natur ist »weitherzig«. Sie erlaubt eine lokale Abnahme der Entropie (was strukturelles und organisatorisches Wachstum bedeutet), solange Entropie (d.h. Desorganisation) an anderer Stelle proportional dazu zunimmt. Sie erlaubt die Entwicklung unzähliger

Formen und Organisationsmuster, und trifft dann unter all den zufällig entstandenen ihre Auswahl. Die Evolution hätte auch andere Formen als die uns bekannten auswählen können – für eine Art *Homo sapiens* etwa besteht keine besondere Notwendigkeit. Doch unter den vielen Formen, die sie im weiten Weltall auswählen konnte (und vielleicht tatsächlich ausgewählt hat), können sich keine befinden, die dem allgemeinen Trend der Entwicklung widersprechen.

Es ist nicht einzusehen, wie die Evolution anders verlaufen sollte als in Richtung auf Organisation und Integration, Komplexität und Individualisierung, welcher Formen sie sich auch zur Verwirklichung dieser Zustände bedienen mag. Also existiert ein »Plan«, doch keiner, der vorherbestimmt wäre. Er setzt die Richtlinien der Entwicklung fest und läßt den Zufall die Rolle der selektierenden Instanz spielen, die unter alternativen Wegen zur Realisierung des Plans auswählt. Es herrscht Zweckgemeinschaft ohne Sklaverei, Freiheit ohne Anarchie.

Wir haben nun über Systeme gesprochen, die im Bereich einer *möglichen* Welt existieren, und dann angenommen, diese mögliche Welt sei tatsächlich die unsrige. Was gibt uns die Berechtigung zu dieser Annahme? Betrachten wir, um diese Frage beantworten zu können, die wissenschaftlichen Theorien der suborganischen, organischen und supraorganischen Einheiten.

1. Atome sind wieder das geeignete Beispiel für suborganische Systeme. Sind Atome autopoietisch und erzeugen schöpferisch Innovationen, um den Herausforderungen durch ihre Umwelt zu begegnen? Man möge entschuldigen: Wir haben uns gewiß sehr innovativ, aber wohl kaum glücklich ausgedrückt. Wir wollen also rasch definieren, was Autopoiese in bezug auf Atome heißen könnte.

Im vorhergehenden Abschnitt wurde deutlich, daß Atome die Entropiezunahme innerhalb ihrer Struktur blockieren, ja sie in nuklearen Transmutationsprozessen sogar umkehren können. So etwas gestattet die physische Welt insofern, als damit ein allgemeiner Verlust an Struktur und organisierter Energie in der unmittelbaren Umgebung der Atome einhergeht, etwa im Inneren eines Sterns oder in einem Kernreaktor. Angenommen, wir nähmen nun eine Anzahl Atome in so einer Sphäre – wenn es eher eine natürliche als eine künstliche sein sollte, so müßte es sich um ein Sterninneres handeln – und schätzten vor dem theoretischen Hintergrund selbstevolvierender Netze ab, welchen Verlauf ihre Entwicklung nehmen würde.

Die Ergebnisse der Astrophysik deuten darauf hin, daß der Aufbau der Elemente während der chemischen Evolution eines Sterns im allgemeinen unumkehrbar erfolgt. Es beginnt mit dem leichtesten Element, Wasserstoff, woraufhin Transmutationsprozesse die leichteren zu immer schwereren Kernen verschmelzen: Aus Wasserstoff entsteht Helium und dann die schwereren Elemente. Diese Prozesse finden im Raum-Zeit-Kontinuum statt, in dem Sterne unter zunehmendem Gravitationsdruck kondensieren. In immateriellen Bereichen ist die Raumzeit »flach«, das heißt euklidisch. Doch sobald sich Materie vorfindet, wird die Matrix zu den vierdimensionalen Mustern verzerrt, wie sie die Geometrie Riemanns und Lobatschewskijs beschreibt. Die »Materie« genannten Einheiten stellen ins Raum-Zeit-Kontinuum eingeführte Kräfte dar. Zu diesen Kräften gehören Gravitation, Elektromagnetismus, die starken und die schwachen Nuklearkräfte sowie die vom Paulischen Prinzip (Ausschlußprinzip) beschriebenen Kräfte und weitere Quantenfelder, von denen wir noch wenig wissen. Diese Kräfte interagieren mit der Raum-Zeit-Matrix und erzeugen die Phänomene des beobachtbaren Weltalls.

Ihre Interaktion führt zu zunehmend integrierten Organisationsstufen. Sie definiert einen bestimmten »Zeitpfeil« im Kosmos. Die Kombination von Gravitation, Elektromagnetismus und Kernbindekräften baut Atomkerne in der Raumzeit auf. Kerne fangen mittels ihrer anziehenden Felder Elektronen ein und bringen sie auf vom Pauli-Prinzip bestimmten Schalen unter. Dieses Prinzip besagt, daß immer nur ein Elektron eine gegebene Bahn (definiert durch vier Quantenzahlen) um einen Kern beschreiben kann. Ein zweites Elektron muß den entgegensetzten Spin oder eine andere Richtung besitzen, andernfalls wird es ausgeschlossen und auf die nächste Schale gestoßen. Da die Gravitation zu zunehmender Materiedichte in stellaren Bereichen führt und nukleare und elektromagnetische Kräfte in Kombination mit dem Pauli-Prinzip integrierte, inhomogene Atomstrukturen aufbauen, tendiert die physische Welt dazu, Systeme aufzubauen und nicht Materie gleichmäßig zu verteilen und sie zu konturlosen Klumpen zusammenzuballen.

Die gravitative Anziehung führt zu steigendem Druck und zunehmender Temperatur. Schließlich wird die Schwelle zur Kernspaltung erreicht und überschritten. Dann fusionieren die vorhandenen Strukturen zu noch integrierteren Einheiten größerer Komplexität: den Atomen der schweren Elemente. Diese besitzen eine größere Anzahl Protonen im Kern und Elektronen auf den Schalen als die

Atome der leichten Elemente. Entsprechend ändert sich auch ihre chemische Wertigkeit, was eine Änderung ihres »sozialen« Verhaltens bedeutet.

Der Prozeß setzt sich fort, bis die Atome im Kosmos sämtliche Klassen möglicher Atomstrukturen besetzt haben, vom Wasserstoff (Atomzahl 1) bis zum Uran (Atomzahl 92). Je kontinuierlicher ein Atom Teil stellarer Massen ist, desto wahrscheinlicher entwickelt es sich in Richtung auf das schwere Ende der Skala. Und obwohl wir Atome aller Arten im Kosmos finden, ist ihre Verteilung im allgemeinen unumkehrbar: Wasserstoff wird in schwerere Elemente umgewandelt. Natürlich ist die Menge im interstellaren Raum schwebender Wasserstoffkerne gewaltig, und es ist möglich, daß ganze »Populationen« von Atomen schon ans Ende ihrer Entwicklung gelangt sind, bevor andere Populationen überhaupt damit begonnen haben.

Es stellt sich somit heraus, daß die suborganische Natur ganz anders aussieht als das mechanistische Universum der Newtonschen Physik. Sie ist ein dynamisches Reich interagierender Kräfte, und dieses Kräftespiel führt zur Herausbildung von Systemen mit zunehmend organisierter Komplexität. Die physische Natur ist keine Maschine, ebenso wenig, wie die organische Natur mit einer besonderen Lebenskraft begabt ist. Die Entwicklungsmuster beider Bereiche laufen einander parallel, befinden sich aber auf verschiedenen Stufen und weisen unterschiedliche, in der Praxis nichtreduzierbare Merkmale auf.

2. In der Entwicklung organischer Arten tritt ebenfalls ein genaues Muster auf, auch wenn der Motor der Evolution hier anscheinend zufällige Mutationen sind. Wir brauchen nur den Gegensatz zwischen einfachen Einzellern und Warmblütern wie uns selbst zu betrachten, um zu erkennen, daß Evolution, wenn sie sich wirklich in eine bestimmte Richtung fortbewegt, vom einfachen zum komplexen System verläuft. Allerdings haben manche Arten, etwa die Parasiten, im Lauf der Entwicklung ihre Komplexität wieder verloren, und es gibt immer noch überall eine große Anzahl einfacher Organismen, die offenbar die Aufforderung zur Entwicklung hin zu größerer Komplexität unbeantwortet gelassen haben. Doch wir behaupten nicht, daß es eine solche Aufforderung tatsächlich gibt. Komplexität von Struktur oder Funktion ist kein *Ziel* der Evolution, sie ist ihr *Ergebnis*. Es gibt kein Ziel, jedenfalls kennen wir in der heu-

tigen Wissenschaft keines. Trotzdem gibt es ein Muster: das Muster autopoietischer natürlicher, interagierender Systeme.

Biologische Evolution findet auf der Erde statt. Ob noch woanders im Universum und wenn ja, wo, das wissen wir nicht. Daß sie jedoch nur ein kosmischer »Unfall« sein sollte, ist schwer zu glauben – nicht weil uralte animistische und anthropomorphe Vorstellungen noch in uns spuken, sondern weil wir uns auf die Uniformität der Natur verlassen können. Gleiche Bedingungen führen überall im Kosmos zu gleichen Ergebnissen: Das ist das Credo der heutigen Naturwissenschaft. Wäre dem nicht so, würde das das Ende der Physik, der Astronomie und verwandter Wissenschaften bedeuten – der Disziplinen, an denen uns doch am meisten gelegen ist. Es wäre außerdem schwierig zu beweisen, daß Naturgesetze *nicht* überall gelten. Man könnte nämlich immer argumentieren, es gebe sehr wohl solche überall gültigen Gesetze, nur kennten wir sie noch nicht.

Es wäre der Menschheit wohl auch deshalb unmöglich, ihren Glauben an eine Existenz des Lebens anderswo im Kosmos aufzugeben, weil sie doch niemals in der Lage sein wird, alles, was es im Kosmos gibt, zu erforschen oder auch nur genügend repräsentatives Beweismaterial zu sammeln, das den Schluß auf eine Nicht-Existenz von Leben anderswo im All zuließe. Daß wir uns nicht als kosmischen »Unfall« einschätzen, der aus irgendeinem unerforschlichen Grund auf einen kleinen Planeten eines relativ kleinen Sonnensystems am Rand einer Milchstraße begrenzt blieb, liegt nicht an einer ausschweifenden Phantasie, sondern an unserer Überzeugung, daß das, was an einer Stelle passiert ist, sich auch an einer anderen ereignen können muß, vorausgesetzt, ähnliche Bedingungen liegen vor. Also haben wir gute Gründe anzunehmen, daß Leben auch anderswo im Kosmos existiert, wenn es auch töricht wäre zu meinen, es müßte dem irdischen Leben völlig gleichen.

Wir wissen, daß unter den Bedingungen, wie sie vor fünf Milliarden Jahren auf unserem Planeten herrschten, die damals schon heterogenen »Atompopulationen« viele neue Verbindungen miteinander eingingen. Es entstanden Moleküle unterschiedlichster Komplexität. Und indem diese Moleküle sich untereinander ständig mit Inputs versorgten und darauf mit Selbsttransformationen antworteten, entstanden wieder neue Verbindungen, von denen einige sowohl komplex als auch stabil waren. Diese wiesen eine Tendenz zur Beharrung auf. Es braucht aber keineswegs streng determiniert gewesen zu sein, *welche* Strukturen sich herausbildeten und sich als existenzfähig erwiesen. Es genügt, daß einige Strukturen dieser Art entstanden. Nachdem sie entstanden waren, veränderten diese Systeme den Charakter ihrer Umwelt dadurch, daß sie neue Inputs für andere, ihnen benachbarte Protoorganismen bereitstellten. Und so wurde es ernst mit dem großen Spiel gegenseitiger Anpassung, begünstigt durch Energiekonditionen, die Verbindungen bestimmter Atomarten, wie Kohlenstoff und Sauerstoff, in langen komplexen Ketten ermöglichten. Bei dieser Fülle von Kombinationsmöglichkeiten konnte es zu wirklich phantastischen Strukturen kommen. Daß sie in der Tat phantastisch waren, beweist die dann folgende Evolution des Lebens auf der Erde vollauf.

In der Biosphäre der Erde interagieren organische Systeme miteinander und lösen wechselseitig kreative Antworten aus. Die fortschreitende Transformation organischer Arten schiebt die Front der Evolution immer weiter hinaus und erkundet zahlreiche Formen und Möglichkeiten, von denen eine immer komplexer ist als die vorhergehende. Manche davon sind erfolgreich, andere scheitern. Auch geringfügige Ursachen, etwa ein Absinken der Jahresdurchschnittstemperatur um ein paar Grad, können schon große Wirkungen hervorrufen, wenn sich die Modifikationen per Schneeballeffekt beschleunigen und ausbreiten und immer sichtbarer werden. Das Aussterben der Saurier zum Beispiel, die länger als jede andere Art unangefochten die Erde beherrschten, legt Zeugnis dafür ab.

In der biologischen Evolution vereinigen sich organische Systeme partnerschaftlich zu Supersystemen, um dann mit anderen Supersystemen Systeme auf noch höherer Ebene zu bilden. Es findet eine Progression statt: von einfachen Zellsystemen über vielzellige Systeme zu Ökosystemen … bis zum Gaia-System als ganzem.

Obwohl es sich um eine reale Progression handelt, nehmen wir nicht all ihre Phasen direkt wahr. Unsere Sinnesorgane sind nur zur Wahrnehmung von Systemen auf der Vielzeller-Stufe geeignet. Denn das sind jene Systeme, mit denen wir alltäglich beim Essen, Trinken, Ruhen, sexuellen Kontakt und der Erziehung unserer Kinder zu tun haben. Daß diese Systeme ihrerseits aus Zellsystemen zusammengesetzt sind und mit anderen Systemen wiederum ökologische Suprasysteme bilden, entgeht unseren Sinnen. Diese Tatsache herauszufinden blieb unserem Verstand vorbehalten, weshalb sie uns bis in jüngste Zeit nicht bewußt war. Heute jedoch erkennen wir, daß die lebendigen Dinge, die uns durch unmittelbare Wahrnehmung vertraut sind, nur Phasen in der Organisation der Biosphäre sind: In einer Hinsicht sind es Ganzheiten, in einer anderen Teile. Und die Teile wiederum sind auf ihrer eigenen Ebene Systeme, ja sogar die Teile der Teile der Teile sind Systeme, und so fort, bis wir am unteren Ende der Hierarchie beim Atom mit seinen dubiosen »Elementar«-Teilchen angelangt sind.

3. Betrachten wir jetzt die Evolution auf der Ebene der Gesellschaft. Die Fähigkeit menschlicher Sozialsysteme, sich im Kampf ums Dasein zu behaupten, hängt in großem Maß von ihrer Fähigkeit der Anpassung an sich ändernde Umstände ab. Da Sozialsysteme kulturbedingt sind, sind sie in eine noch proteusartigere Umwelt eingebettet als biologische Systeme. Die »Wirklichkeit«, die soziale Institutionen, Staaten, Volkswirtschaften und so weiter beeinflußt, hängt nämlich nicht nur von den objektiven Gegebenheiten ab, sondern auch davon, was ihre Mitglieder oder ihr Führungspersonal *für die Wirklichkeit halten.*

Eine Institution wie die katholische Kirche sieht sich einer »objektiven« Wirklichkeit gegenüber, die sich heute nicht wesentlich von der vor tausend Jahren unterscheidet – Gott dürfte sich kaum geändert haben, ebensowenig die Wahrheit des Alten und Neuen Testaments. Auch gibt es weiterhin erlösungsbedürftige Menschen, und wirklich neue Sünden sind wohl nicht entstanden, geschweige denn neue Tugenden. Und doch: Wie stark hat sich die »subjektive« Wirklichkeit, mit der sich die katholische Kirche konfrontiert sieht, verändert! Die Unterschiede zu früher liegen im Bewußtsein des modernen Menschen: in seiner Einstellung zum Christentum und der Stärke seines Glaubens. Wenn die Kirche, wie jedes andere soziale System, den Herausforderungen dieser neuen Wirklichkeit begegnen will, muß sie sich kreativ transformieren, um auf das moderne Bewußtsein ebenso attraktiv zu wirken wie auf das mittelalterliche.

Genauso ist es bei den ökonomischen und politischen Systemen. Ob eine Wirtschaft oder Regierung gedeiht oder verfällt, hängt zum großen Teil davon ab, wie die Menschen darüber denken. Einstellungen, Glaubensüberzeugungen, Weltanschauungen, das alles spielt eine entscheidende Rolle bei der Determinierung der Umwelt sozialer Systeme. Nicht daß die realen, objektiven Fakten dadurch an Einfluß verlören, doch sie werden überlagert von dem, was die Menschen von ihnen halten. Ihre Wirkung wird modifiziert (abgemildert oder verschärft) durch die herrschende Kultur.

Und da Denk- und Glaubensmoden ähnlich wie Damenmoden sehr wandelbar sind, sind soziale Systeme dauernd inneren Spannungen ausgesetzt. Ihre eigenen Mitglieder kritisieren sie und fordern Veränderung. Aber das ist nur die eine Seite der Medaille. Soziale Systeme erfahren auch Druck von außen, da andere Systeme sie zu verändern oder zu überwältigen drohen. Die üblichste dieser Drohungen ist der Krieg. Bewaffnete Streitkräfte marschieren auf, um den Willen des einen politisch organisierten Systems dem anderen aufzuzwingen. Welche Ziele mit einem Krieg angeblich auch verfolgt werden: Der Verlierer wird von den Kriegsfolgen nicht unbeeinflußt bleiben. Dasselbe gilt von den kleineren Auseinandersetzungen zwischen Unternehmen, sozialen und pädagogischen Einrichtungen und so weiter. Schon an sich befinden sich soziale Systeme oft in einer prekären Gleichgewichtslage. Zusätzlich aber erfahren sie immer auch Druck von innen und von außen, und müssen stets auf der Hut sein, um sich eine möglichst lange Lebensdauer zu sichern.

Soziale Systeme bilden außerdem, da sie mit anderen Systemen kommunizieren, Elemente in einem wechselseitig bestimmten Netz. Der Grad der Kommunikation mit anderen Systemen nimmt im Lauf der Zeit zu. Primitive Stammesgesellschaften waren recht isoliert, selbst von den unmittelbaren Nachbarn. Es waren relativ autarke Einheiten, deren Beziehungen untereinander hauptsächlich durch Überfälle bestimmt war. Sie besaßen weder den Wunsch noch die Mittel zu weiten Reisen und keine Techniken, über große Entfernungen Verbindung miteinander aufzunehmen. So waren die von ihnen bewohnten Gegenden vergleichsweise geschlossene Systeme, da sich die primitiven Kulturen ohne größere Einflüsse von außen entwickelten. Noch vorhandene Kulturen dieser Art in den zentralen Regionen Afrikas, Australiens und Borneos sind die anschaulichsten Beispiele der Gegenwart für geschlossene Regionalsysteme. Fortgeschrittenere Kulturen aber dehnten Einfluß und Territorium schon weiter aus, wie die präkolumbianischen Indianerkulturen Amerikas beweisen. Hochkulturen dagegen erweiterten ihre Einflußsphäre durch militärische und wirtschaftliche Eroberungen. Beispiel dafür sind die Ägypter, Griechen und Römer im Altertum.

Mit dem weiteren Fortschritt der Zivilisation nahmen indessen die Kommunikationsmöglichkeiten zwischen den Völkern immer mehr zu, teils durch Reisende zu Land und zur See, teils durch bessere Nachrichtenübermittlung – erst mit Hilfe von Kurieren, dann mittels

Technik. Heute ist das Netz der Kommunikation zwischen den sozialen Systemen allumfassend geworden. Es gibt kaum noch einen Stamm, der sich dem entziehen könnte. Die allerabgelegensten Wohngebiete können leicht von der Luft aus wahrgenommen, an das Weltkommunikationsnetz durch Radio, Fernsehen, Telefon und Internet angeschlossen und dem Handel geöffnet werden.

Ein weiterer Aspekt soziokultureller Evolution verdient unser Interesse. Es ist die Vereinigung kleinerer sozialer Einheiten zu größeren durch vielstufige Überlagerung und Kooperation. Die kleinste Gemeinschaft ist die Kernfamilie. Doch schon in sehr einfachen Gesellschaften ist sie in die größere Struktur der Sippe oder des Stammes integriert. Auf dieser Ebene hat jedes Individuum zahlreiche Pflichten zu erfüllen und Rollen zu spielen – Vater, Jäger, Mitglied der Ratsversammlung und ähnliches. Die soziale Entwicklung führt dann aber weiter zu komplexeren Organisationsformen und damit zu deutlicherer Absteckung der Rechte und Pflichten des Individuums im Rahmen der sozialen Struktur.

Soziale Systeme bilden, wie Systeme in der Natur, »Holarchien«. Es handelt sich dabei um vielstufige flexibel koordinierte Strukturen, die trotz ihrer Komplexität als Ganzheiten funktionieren. Es treten viele Ebenen auf, die trotzdem alle miteinander integriert sind.

Während also jedes Individuum zu einer besonderen sozialen Institution gehört, gehört diese ihrerseits zu anderen, umfassenderen Vereinigungen und Systemen. Kleine Gemeindeverwaltungen sind Teil größerer Regionalverwaltungen, und diese wiederum Komponenten noch größerer Landes- beziehungsweise Bundesregierungen. Kleine Firmen haben es heute immer schwerer, selbständig zu bleiben, bedürfen des Zusammenschlusses in Innungen, Arbeitgeberverbänden, Berufsverbänden mannigfacher Art und sind so mit der gesamten Wirtschaft ihres Landes engstens verknüpft. Auch die Grenzen eines Staates oder einer Nation sind nur noch relativ. Soziale und ökonomische Institutionen und Unternehmen gründen Zweige in Übersee und fusionieren mit ausländischen Konzernen, erwerben solche oder werden ihnen angegliedert. Produkte werden in einem Land entworfen, in einem anderen hergestellt und in viele Länder verschifft, während die Gewinne in einem dritten verwaltet werden. Eine Panik auf einem Aktienmarkt verursacht Preisstürze an anderen Börsen auf der entgegengesetzten Seite des Globus. Ehrgeizige Unternehmungen eines Landes haben Auswirkungen auf all seine Verbündeten und Feinde, gleichgültig wie weit entfernt sie sind. Nachrichten verbreiten sich praktisch simultan überall auf der Welt, so daß diese, nach einem Ausdruck McLuhans, schon zu einem »Weltdorf« geworden ist. Genauer gesagt: Sie wird zu einer Welt-«Holarchie».

Wenn wir die Sozialgeschichte aus einer ganzheitlichen Perspektive betrachten: Welche systemtheoretischen Merkmale manifestieren sich in ihr?

An erster Stelle zeigt sich die extreme Veränderlichkeit der meisten sozialen Systeme. Unter Druck von innen und außen verändern sie sich im Lauf der Zeit. Alle, die es nicht tun, landen auf dem Schrottplatz der Geschichte als fossile Reste der Vergangenheit. Inputs von innen und außen rufen Innovationen hervor, während das innovative System seinerseits neue Inputs für alle anderen Systeme, mit denen es in Verbindung steht, produziert. Eine Veränderung im einen System löst Veränderungen in allen anderen aus. Die Veränderungen verlaufen in Richtung größerer Strukturierung und verbesserter Technik. Sie verleihen den Systemen größere Möglichkeiten, einschließlich größerer Macht, andere Systeme zu beeinflussen. Weitergehende Differenzierung verursacht die Vereinigung von Einheiten in größeren kooperativen Netzen: das ist der »Ladenketteneffekt«.

Ursprünglich autonome Systeme unterliegen jetzt einer Kontrolle von oben, ohne deshalb ihre Selbständigkeit völlig einzubüßen. Systeme ordnen sich eher in Suprasysteme ein, als daß sie sich in ihnen auflösen. Kleinere Systeme vergehen nicht, um in größeren aufzugehen – sie existieren vielmehr weiter und übernehmen wesentliche Funktionen. Doch sind diese Funktionen dann Teil des größeren Zusammenhangs der größeren Systeme, die ihrerseits vielleicht zu noch umfassenderen gehören.

Von unten her ist das System der höchsten Stufe oft gar nicht erkennbar. In unserer modernen Welt wissen Angestellte einer großen Firma oder einer sozialen oder politischen Institution häufig nicht einmal, welcher Korporation, Institution oder welchem Konzern ihr Arbeitsplatz gehört und von wem sie in letzter Instanz Direktiven erhalten.

Es gibt erkennbar eine Tendenz zu Differenzierung, Wachstum, Bildung von Suprasystemen und Komplexität auf allen Stufen sozialer Systeme. Die Entwicklung beschleunigt sich je nach Intensität und Umfang des Informationsaustausches. In unseren Tagen sind Informationen fast augenblicklich und fast überall verfügbar. Die Wirkungen von Veränderungen im einen System, sei es im Wirtschafts-, sozialen, politischen, kulturellen oder Bildungssektor, auf alle anderen sind größer denn je.

Es gibt Spannungen und Beben in unserer Welt, die den ganzen Erdball umlaufen und die Anpassungsfähigkeit der einzelnen Systeme auf eine harte Probe stellen. Das ist es, was Alvin Toffler den »Zukunftsschock« genannt hat. Die eine Weltregierung ist zwar noch ein Traum, doch weltweite Organisationen schießen wie Pilze aus dem Boden, und die Vereinten Nationen bilden zumindest ein Forum zum Gedanken- und Informationsaustausch zwischen den Staaten. Internationale Machtblöcke entstehen, zum Teil durchwoben von internationalen Wirtschaftsverflechtungen und diplomatischen Beziehungen. Es kommt zunehmend Ordnung in dieses »Raumschiff Erde«, obgleich für das Entstehen dieser neuen Ordnung mit dem finanziellen Zusammenbruch wenig anpassungsfähiger Organisationen und dem Nervenzusammenbruch wenig flexibler Individuen bezahlt werden muß.

Vergleichen wir die Gesellschaft der Gegenwart mit der von vor hundert Jahren, so springt der enorme Anstieg wechselseitiger Abhängigkeit, Komplexität und Differenzierung ins Auge. Die Grundgesetze der Entwicklung beweisen sich also im Bereich des Supraorganischen, wie sie sich im Organischen und Suborganischen bewiesen haben.

Grundsatz 4:
Natürliche Systeme sorgen für Interface-Koordination innerhalb der Holarchie der Natur

Da die Entwicklungsmuster in allen Bereichen der Natur einander analog sind, tendiert die Evolution offenbar in Richtung einer Überlagerung der Systeme. Eine kontinuierliche, vielstufige Struktur durchzieht die Bereiche des Suborganischen, Organischen und Supraorganischen. Die Organisation in der Natur ähnelt mehr und mehr einer holarchischen Pyramide mit vielen relativ einfachen Systemen an der Basis und einigen wenigen komplexen Systemen an der Spitze. Zwischen diesen Stufen sind alle anderen natürlichen Systeme angesiedelt und verbinden Stufen unter und über ihnen. Es sind Ganzheiten in bezug auf ihre Teile, und Teile in bezug auf Ganzheiten höherer Ordnung.

68

Individuelle Systeme innerhalb eines komplexen Systems haben die Aufgabe der *Interface*-Koordination. Sie übernehmen die Abstimmung der niedrigstufigen Komponenten, aus denen sie bestehen, auf die höherstufigen Komponenten der Systeme, von denen sie kontrolliert werden. Ihre Funktion besteht darin, das Verhalten ihrer eigenen Teile zu koordinieren und das Ergebnis dieser Koordination in das Verhalten der anderen Komponenten des übergeordneten Systems zu integrieren. Dies ist eine Leistung, die alle natürlichen Systeme erbringen müssen, wenn sie sich selbst behaupten wollen.

1. Holarchische Strukturierung ist offensichtlich im suborganischen Bereich, sowohl im Aufbau der Atome als auch was ihre Eigenschaft als Teile stellarer Strukturen betrifft. In jedem System mit mehreren Atomen erfüllt jedes einzelne Atom die Koordinierungsfunktion, indem es seine eigenen subatomaren Teilchen miteinander integriert und das Ergebnis auf die ähnlich integrierten Kräfte anderer Atome abstimmt. Bei Elektronenbindungen in einem aus vielen Atomen bestehenden Molekül stehen beispielsweise die äußeren Schalen der Atome füreinander offen, so daß die Elektronen komplexe Umlaufbahnen um mehrere Kerne beschreiben (bzw. komplexe Wellenmuster bilden). Ein isoliertes Atom gibt es hier nicht, denn jedes Atom ist integrierender Bestandteil der gesamten molekularen Konfiguration. Trotzdem ist es noch als Einheit eigener Art erkennbar, denn die Kernkräfte und Elektronenkräfte sind auf einen Mittelpunkt bezogen und interagieren in bestimmten Mustern, die einer spezifischen Region in der gesamten Molekularstruktur die ihr eigentümlichen Merkmale verleihen. Ein Wassermolekül zum Beispiel besteht aus einem Sauerstoff- und zwei Wasserstoffatomen. Es stellt zwar eine Einheit mit Merkmalen dar, die nicht auf die es zusammensetzenden Atome zurückzuführen sind, doch bleiben seine Atome Untergliederungen mit eigenständigen Funktionen. Dasselbe gilt auch für hochkomplexe molekulare und Kristallverbindungen mit tausenden oder Millionen Atomen als Komponenten. Jedes Atom integriert seine eigenen Komponentenkräfte und trägt mit den Merkmalen dieser Gesamtheit zu den integrierten Eigenschaften des Ganzen bei.

2. Im Reich des Organischen finden sich Systeme auf zahlreichen Stufen, vom makromolekularen bis zum vielzelligen Bereich. Der besseren Klarheit wegen konzentrieren wir uns hier auf zwei Stufen: die der Zelle und die des Organismus.

Zellen integrieren ihre vielen subzellularen Einheiten, wie den Zellkern, die Substanzen des Zytoplasmas, die Golgi-Körperchen und so weiter. All diese Untereinheiten bestehen wiederum aus Molekül- oder Kristallstrukturen, die ihrerseits aus Atomen gebildete Konstitutionen aufweisen. Insofern gleichen Zellen einander – welcher Art auch immer: Es sind komplexe, integrierte, aus Atomen, Molekülen, Kristallen und subzellularen Organisationen komplexerer Art bestehende Holarchien – keine Zelle führt eine völlig autonome Existenz. Manche Zellen leben zwar auf eine für unabhängige Organismen typische Weise, doch sind sogar Amöben genauso wie andere Organismen ins ökologische System ihres Lebensraums integriert.

Zellen, die gemeinsam komplexe lebende Systeme bilden, weisen noch interessantere Funktionen in bezug auf die *Interface*-Koordination auf. Auf der einen Seite existieren sie stets als integrierte, aus den eigenen Komponenten aufgebaute Ganzheiten und erfüllen die schon bemerkenswert komplexen Stoffwechsel- und Fortpflanzungsfunktionen allen Lebens. Auf der anderen Seite ordnen sie sich sehr genau den Lebensbedingungen innerhalb einer integrierten organischen Gemeinschaft unter. Es gibt Zellen, die sich so verändern, daß sie Muskelgewebe bilden können. Sie besitzen also andere funktionelle Merkmale als, sagen wir, Gehirnzellen oder die Hornhautzellen im Auge. Jede besondere Zelle steuert die ihr zur Verfügung stehenden integrierten Energien und Funktionen zum Leben der Gemeinschaft bei und empfängt als Gegenleistung eine Umgebung, in der sie sich selbst behaupten kann. Die Kooperation der jeweiligen Zellen in höheren Organismen ist dermaßen eng, daß die Gemeinschaft vollständig als Einheit arbeitet und tatsächlich ein eigenes System darstellt. Der Mensch ist eines der Systeme dieser Art. Seine Sinnesorgane zum Beispiel sind Systemgemeinschaften auf niedrigerer Stufe, die ihm Informationen über andere vielzellige Systeme seiner Umwelt zutragen.

Zellen können, ebenso wie Organe, den von ihnen aufgebauten Systemen auch neue Inputs zuführen. Dadurch üben sie Einfluß aus dem Innern des Systems aus. Entweder gelingt es ihnen, bestimmte Koordinationsmuster im ganzen System ständig zu erneuern, oder sie verursachen den eigenen Untergang: sei es dadurch, daß sie das System, das sie mit allem Lebensnotwendigen versieht, zugrunderichten, sei es, daß sie dieses System veranlassen, sie abzustoßen.

Medizinische Lehrbücher sind voll von Fällen, wo es Zellen und vielzelligen Geweben, Organen und sonstigen Untereinheiten eines

Organismus nicht gelingt, dem Muster des Ganzen zu entsprechen. Entweder passen sie sich dann doch noch irgendwie dem übrigen Körper an oder sie nehmen ein böses Ende. Unkooperative Systeme werden entweder vom Körper abgestoßen oder zerstören ihn wie der Krebs. Dadurch besiegeln sie aber ihr eigenes Todesurteil.

3. Auch auf der supraorganischen Ebene findet holarchische Integration statt. Die moderne Populationsbiologie beschreibt die vielen wichtigen Zusammenhänge, die Organismen aneinander und an das integrierte Ökosystem ihres Lebensraumes binden. Viele der komplexen Arten – wie praktisch alle höheren Wirbeltiere – leben in irgendeiner Art sozialer Gemeinschaft. Sie reguliert das Verhalten ihrer Mitglieder durch Errichtung einer Rangordnung (»Hackordnung«), die alle lebenswichtigen Tätigkeiten wie Nahrungsaufnahme, Kopulation, Verteidigung und so weiter bestimmt. Doch gleichgültig, ob eine soziale Organisation innerhalb einer Population besteht oder nicht, das Dasein jedes einzelnen Organismus wird durch ausbalancierte Beziehungen innerhalb des ökologischen Systems seines engeren Lebensraumes genau bestimmt. Umgekehrt können sich die großen zyklischen Prozesse der Biosphäre nur mit der erforderlichen Genauigkeit und Feinheit vollziehen, weil die einzelnen Organismen ihre Koordinationsfunktionen an den Berührungsflächen exakt wahrnehmen. Sie nehmen Nahrung auf, kopulieren, scheiden Exkremente aus und deponieren sogar ihre Leichen am richtigen Platz und zum richtigen Zeitpunkt. Sie stehen in sozialer und ökologischer Hinsicht in Informationsaustausch mit anderen Organismen und integrieren sich in die ausbalancierte Holarchie des globalen Gaia-Systems.

Besonders wichtig sind die sozialen (also intraspezifischen) Beziehungen beim Menschen. Der Mensch kann mit seinem Mitmenschen extensiver und intensiver kommunizieren als alle anderen Arten: Er hat nämlich eine Sprache erfunden, eine singuläre Innovation innerhalb der irdischen Natur. Auch andere Arten haben zur Förderung ihrer integrativen Funktionen gute Kommunikationsmittel entwickelt. Diese beschränken sich jedoch auf Töne, Gesten und Geruch. Der Mensch allein kennt das Symbol. Es erlaubt ihm, die Grenzen des Hier und Jetzt zu sprengen. Wir können uns über die Vergangenheit ebensogut wie über die Zukunft verständigen, über unsere unmittelbare Nachbarschaft genauso wie über weit entfernte Gegenstände oder sehr abstrakte, ja phantastische Dinge.

71

All dies wird zum kommunikativen Bestandteil der von uns errichteten sozialen Systeme und bewirkt, daß sich diese qualitativ von den sozialen Systemen anderer Arten unterscheiden.

Solche Unterschiede entheben uns nicht der Pflicht, die *Interface*-Funktionen der Koordination in unserer holarchischen Situation wahrzunehmen. Wir sind weiterhin davon abhängig, die integrierten Funktionen unserer Körperkomponenten, die uns zu individuellen Organismen machen, mit den uns als sozialen Wesen auferlegten Funktionen gut zu koordinieren. Physiologisch gesehen sind wir ein individuelles Ganzes, aus soziologischer Perspektive ein integrierter (wenngleich gelegentlich widerstrebender) Bestandteil. Und da wir ein Bewußtsein haben, sind wir physiologisch betrachtet sowohl Ganzes als auch Teil – eine Dualität, die zu Verwirrung und Problemen führen kann, falls wir die Notwendigkeit zur *Interface*-Koordination nicht erkennen.

Die holarchische Dualität der Funktionen zeigt sich auf allen Stufen sozialer Systeme des Menschen. So ist es zum Beispiel die Aufgabe von Bereichsmanagern oder Abteilungsleitern großer Firmen, dafür zu sorgen, daß ihre Abteilung gut funktioniert, und deren Ergebnisse auf das Funktionieren des organisierten Ganzen, des Unternehmens, abzustimmen. Das bedeutet einerseits, daß sie auf die Tätigkeiten aller ihnen untergeordneten Personen achten und sie steuern und koordinieren müssen, damit die Abteilung die ihr gesteckten Ziele auch erreicht. Andererseits müssen diese Ziele mit denen anderer Abteilungen der Firma abgeglichen werden. Besprechungen auf Abteilungsleiterebene, Telefonate, Memoranden und andere Kommunikationsformen werden eingesetzt, um ein gutes Zusammenspiel zu gewährleisten. Gemeinsam bilden die vielen Abteilungen, koordiniert und integriert, das Unternehmen als solches.

Nun aber nimmt die Firma durch Repräsentanten auch Kontakt zu anderen Firmen auf. Es kommt zu Geschäftsbeziehungen, was umfassendere Kooperation bedeutet. Gewöhnliche Angestellte sprechen nicht mit anderen *Firmen,* ebensowenig wie die Organe eines *Menschen* mit anderen Menschen in Beziehung treten. Es sprechen immer nur besonders beauftragte Personen mit ihren Partnern in anderen Firmen. Und so geht es weiter auf allen Ebenen der Unternehmen.

Systemeinheiten arbeiten mit Einheiten auf ihrer eigenen Stufe zusammen und bilden dadurch Supra-Einheiten. Diese kooperieren wiederum mit Einheiten ihrer Art und bilden Einheiten auf höherer

Stufe. Jede Einheit arbeitet effektiv und sichert sich ihre Existenz, solange sie die integrierten Funktionen ihrer eigenen Mitglieder auf die analogen Funktionen ihrer Partner innerhalb der Gesamtstruktur abstimmt. Das Unternehmen, das bei einer dieser Aufgaben versagt, gräbt sich langsam aber sicher selbst das Wasser ab.

Ähnliche Beobachtungen lassen sich im Bereich der politischen Organisationen machen. Einfache Volksvertreter sind mit der *Interface*-Verantwortung konfrontiert, sowohl den Bedürfnissen ihrer Wähler zu entsprechen als auch denen der Körperschaft, in die sie gewählt worden sind. Volksvertreter in höheren Funktionen sehen sich der größeren Aufgabe gegenüber, ihrem eigenen Land zu dienen, aber auch dazu beizutragen, daß das militärische, kulturelle und wirtschaftliche Gleichgewicht in der Weltgemeinschaft der Nationen gewahrt bleibt. Diese unterschiedlichen, doch miteinander verwobenen Interessen kommen deutlich in der Unterscheidung zwischen Innen- und Außenpolitik zum Ausdruck. Kluge Politiker wissen, daß es sich hierbei um komplementäre »Flächen« einer Gesamtpolitik des inneren und äußeren Gleichgewichts handelt, die allein die Existenz und die Entwicklung ihres Landes sicherstellt.

Die soziale Sphäre bietet Beispiele im Überfluß für vielstufige Organisationen, bei denen die Leiter der mittleren Einheiten mit *Interface*-Aufgaben konfrontiert sind. Kompanien in einem Heer, Gemeinden in einer Kirchenorganisation, Schulen in einem Bildungssystem – sie alle tragen dem vielstufigen Aufbau jeder sozialen Organisation Rechnung.

Interface-Aufgaben bewältigen heißt nicht nur, daß effizient gearbeitet wird, sondern daß diese Effizienz auch unter veränderten Bedingungen aufrechterhalten wird. Es können sich zum Beispiel die Bedingungen der Subsysteme ändern, was eine Reintegration aller Teile in einer modifizierten Struktur erforderlich macht. Ebenso können sich die Bedingungen von Suprasystemen ändern und es notwendig machen, daß der integrierte Beitrag, den ein System für die Gemeinschaft anderer Systeme leistet, neu definiert wird. Innen- und Außenpolitik müssen flexibel und innovativ bleiben. Und die Gefahr, allzu phantasievoll vorzugehen, wird durch die Gefahr der Versteinerung ausgeglichen. Der Erfolg bemißt sich nach der Fähigkeit eines Systems, Änderungen in seinen Sub- und Superstrukturen vorauszusehen und mit ihnen klarzukommen.

Ein holarchisch gegliedertes System ist kein passives, dem *Status quo* verpflichtetes System. Es ist eine dynamische, anpassungsfähige

73

Einheit und spiegelt in seinen eigenen Funktionen stets den Wandel wider, der sich auf allen Stufen des Systems vollzieht.

Die ganze Natur ist aus systemwissenschaftlicher Sicht ein Bereich komplexer, fein ausgewogener Organisation. Systeme stehen in Verbindung mit anderen Systemen und bilden gemeinsam Suprasysteme. Ordnungsmuster durchziehen die entstehende Holarchie und nehmen immer deutlichere Gestalt an. Gemeinsame Merkmale manifestieren sich in den unterschiedlichsten Formen auf jeder der vielen Stufen. Bestimmte Eigenschaften sind in stetiger Gliederung einander über- und untergeordnet, wobei sich die höheren nicht auf die niederen reduzieren lassen.

Die ganzheitliche Weltsicht der Systemwissenschaften ergibt eine Perspektive der Harmonie und des dynamischen Gleichgewichts. Der Fortschritt wird von unten her ausgelöst, ohne von oben her determiniert zu sein, und ist daher sowohl bestimmt als auch frei. Es herrscht Freiheit insoweit, als jeder seinen Weg des Fortschritts wählen kann, doch sind dieser Freiheit die Schranken der Vereinbarkeit mit der dynamischen Struktur des Ganzen, in welches man eingebettet ist, gesetzt.

4
Der Mensch aus der Sicht
der Systemwissenschaften

Die wissenschaftlichen Philosophen der Antike sahen das Phänomen Mensch immer im Zusammenhang mit dem Kosmos. Sie waren der Auffassung, man könne den Menschen nur verstehen, wenn man auch seine Welt verstehe. Doch zur Zeit des Siegeszuges der modernen Naturwissenschaft gingen die Forscher immer mehr dazu über, allgemeine, auf das Wesen des Menschen zielende Fragen in spezifische Fragestellungen zu zerlegen. Die moderne naturwissenschaftliche Methode führte zu einer großen Zahl weitgehend schlüssiger Theorien über Verhalten, Neigungen und sogar das Unbewußte des Menschen. Sie führte jedoch auch zu einer Fragmentierung unseres Wissens über den Menschen. Im Vollbesitz so vieler komplizierter Spezialtheorien haben wir wenig wirklichen Einblick ins Wesen des Menschen selbst gewonnen. Tatsächlich leugnen manche Spezialisten sogar, daß es überhaupt so etwas wie das Wesen des Menschen gibt. Sie stellen sich den Menschen lieber als eine Black Box vor, in der Reize mit den dazugehörigen Antworten verknüpft werden.

Im Gegensatz zu solchem *Atomismus* und *Behaviorismus* verbindet die systemwissenschaftliche Sicht den Menschen wieder mit der Welt, in der er lebt. Sie sieht nämlich, daß er aus dieser Welt hervorgegangen ist und damit ihren Charakter im allgemeinen widerspiegelt.

Im modernen Systemdenken ist der Mensch kein Phänomen *sui generis,* das ohne Rücksicht auf andere Bedingungen studiert werden könnte. Er ist vielmehr ein natürliches Wesen und Bewohner mehrerer aufeinander bezogenen Welten. Von seiner Entstehung her ist er ein biologischer Organismus. Vom Standpunkt der Arbeit her ist er Träger sozialer Rollen. Und von seiner bewußten Persönlichkeit her ist er ein janusköpfiges Bindeglied, das die Welt des Biologischen und des Sozialen miteinander verknüpft und sie koordiniert. Im Endergebnis ist der Mensch ein koordinierendes *Interface*-System innerhalb der vielstufigen Holarchie der Natur. Um einen Menschen zu kennen, muß man etwas über diesen merkwürdigen Bereich der Natur wissen, der sich, statt automatisch abzulaufen wie eine Uhr, selbsttätig immer wieder aufzieht.

Der Mensch ist eines der Module einer vielstufigen Struktur, die auf der Erde als Ergebnis des Hangs der Natur entstand, an einer Stelle aufzubauen, was sie an anderen abbaut. Auf vielen Ebenen interagieren Systeme mit Systemen und bilden in gegenseitiger Zusammenarbeit Suprasysteme. Dabei besitzt jedes dieser Systeme seine eigene Variante der allgemeinen Systemmerkmale, die das Wesen jenes sich selbst »aufziehenden« Bereichs der Natur widerspiegeln. Das menschliche Individuum ist Teil einer majestätischen Kathedrale mit großer Komplexität im Detail, doch hinreißender Einfachheit und Ordnung im Gesamten. Alle Teile geben dem Charakter des Ganzen Ausdruck, doch ist das Ganze nicht nur die Summe aller seiner Teile. Dies ist die Auffassung des Systemdenkens von der Natur. Sie ist eine Vorbedingung für das Verständnis unserer selbst.

Betrachten wir diese Auffassung näher. Wir beginnen beim Anfang, denn der Mensch hat die Weltbühne nicht aufgrund eines besonderen Schöpfungsaktes betreten, sondern ist schon immer Teil des Universums gewesen. Natürlich nicht als Mensch, sondern als Phänomen, das alle Möglichkeiten, Mensch zu werden, in sich enthielt. Gehen wir also zurück zur ursprünglichen *Prima materia*, aus der alle Dinge in allmählicher Entwicklung hervorgegangen sind.

Unser kosmischer Ursprung

Man stelle sich eine Welt vor, aufgebaut nicht aus in Zeit und Raum existierenden Dingen, sondern aus Muster bildenden Strömungen, die durch die Weiten des Alls fließen. Was da strömt, ist ein geheimnisvolles, unindividualisiertes Etwas, das wir Energie nennen. Es strömt auf bestimmten Bahnen und ist durch die Metrik der in sich gegliederten Raumzeit strukturiert. Es strömt über weite Bereiche dieser kosmischen Matrix glatt und ohne Kräuselungen und Wirbel, an manchen Stellen aber kommt es zu »Verzerrungen«. An diesen Stellen treten, induziert durch elektromagnetische Kräfte, Störungen der Ströme auf. Einige Ströme verfestigen sich dadurch zu »Knoten« und wirbeln in relativ stabilen Mustern. Jetzt ist plötzlich etwas da – etwas Dauerhaftes –, während es vorher nur ein ununterbrochenes Fließen gab.

Hier und da bildet die Energie erkennbare Muster aus, die in der Zeit dauern und sich im Raum wiederholen. »Dinge« treten aus den

Konturen der Strömungen hervor, wie Knoten in einem Fischernetz. Es sind lokale Aktualisierungen von Energien, die, einmal entstanden, auch verharren. Die hochintegrierten Brennpunkte dieser Phänomene sind die einfachsten Grund-Energiemuster, die der menschliche Verstand vor dem Hintergrund der Raumzeit identifizieren kann: die Materieteilchen. Einstein nannte sie »elektromagnetische Störungen« in der Raumzeit-Matrix.

Nehmen wir nun weiter an, es gebe eine ungeheure Anzahl solcher über die gesamte Ausdehnung der Raumzeit verteilten Knoten, wobei die Abstände dieser Knoten voneinander ungleich seien. Sie bilden aber keine isolierten Einheiten, sondern sind Teil eines Kontinuums und kommunizieren miteinander durch dieses Kontinuum hindurch. Grundsätzlich besteht diese Kommunikation aus Anziehung und Abstoßung, je nach den Abständen, durch die die Knoten voneinander getrennt sind. Anziehung ist die vorherrschende Art der Kommunikation bei allen (außer extrem kleinen) Abständen, weshalb die in relativer Nähe zueinander befindlichen Knoten immer enger zusammenrücken. Viele von ihnen werden allmählich so dicht gepackt, daß die gewöhnliche Anziehung nicht mehr funktioniert und sich kompliziertere Spannungen und Störungen unter ihnen herausbilden. Einigen der elementaren Einheiten gelingt es dann, sich durch Kohäsion zusammenzuschließen, wobei sie die Energieströme, aus denen sie bestehen, in einem geordneten Gleichgewicht halten. Sie bilden jetzt »Superknoten« einer weit komplexeren Art.

Eine Population solcher komplexer Einheiten verändert den Charakter der Raumzeit an der Stelle, wo sie sich konzentrieren. Es entsteht ein materielles Objekt, ein Stern. Diese Makro-Objekte werden weiterhin durch das Kontinuum, in dem sie existieren, zusammengehalten, doch verhalten sie sich jetzt als integrierte Massen. Sie bilden Konfigurationen, in denen sich ihre gegenseitige Anziehung und Abstoßung im Gleichgewicht befinden.

Die relativ stabilen Supereinheiten, die so entstehen, assoziieren sich noch weiter. Schließlich ist das ganze Universum mit im Gleichgewicht befindlichen Raumzeit-Knoten innerhalb von größeren Raumzeit-Knoten übersät, die aufeinander einwirken und noch höhere Ordnungen des Fließgleichgewichts herausbilden. Das Universum selbst nimmt den Charakter eines gewaltigen Systems im Gleichgewicht befindlicher Energien an, die erkennbar durch Kohäsion miteinander zusammenhängen und in Aktion treten. So dehnt sich das gesamte Universum aus, oder es dehnt sich aus und zieht sich wieder zusammen, oder es erhält sich selbst im dynamischem Stetigkeits-Zustand *(steady state)*. Im gegenwärtigen Stand der theoretischen Kosmologie können wir unter diesen Alternativen nicht unterscheiden.

In manchen kosmischen Regionen aber, etwa auf der Oberfläche von Planeten, vollziehen sich weitere Strukturierungsprozesse. Benachbarte Klümpchen treten in Wechselwirkung zueinander und passen ihre internen Strömungsmuster einander an. Die erneute Integration bereits integrierter Energien resultiert in noch komplexeren Strömen auf relativ stabilen Bahnen. Die Bahnen sind selbst Ergebnis früherer Integrationsprozesse und bestehen ihrerseits aus geordneten Energieströmen. Doch bald dienen sie neuen Energieströmen als Kanäle und verhalten sich wie »Struktur« zu »Funktion«. Somit laufen jetzt neue Wellen formativer Energie über stabilisierte, von früheren Wellen erzeugte Strukturen.

Der Prozeß schreitet rhythmisch fort. Etablierte Strukturen bilden gemeinsam neue Bahnen, und werden im Lauf der Zeit selbst zu Strukturen und dienen als Schablonen für die Produktion neuer Strömungssysteme. Die Muster werden immer komplizierter. Eine aus Systemen bestehende kosmische Kathedrale wächst empor.

Die der Wissenschaft bekannten Einheiten bilden »Berührungsflächen« (*Interface*-Einheiten) auf verschiedenen Stufen der emporwachsenden Kathedrale. Elektronen und Nukleonen sind Energieverdichtungen im Raumzeit-Feld, die auf der Integration von Quarks beruhen. Sie sind ihrerseits zur Integration imstande und bilden energetisch ausgewogene Strukturen: stabile Atome. Hier erzeugt die Integration verschiedener Kräfte im Kern positive Energie, die der Summe der negativen Energie der Elektronen auf den den Kern umgebenden Schalen entspricht. Unvollständige Schalen machen das Atom chemisch aktiv, also fähig, Verbindungen mit benachbarten Atomen einzugehen. Wir bekommen auf diese Weise Zustände, die von der Integration der Energien mehrerer Atome hervorgerufen werden: chemische Moleküle.

Die Möglichkeiten der Verbindungen durch Elektronenbindekräfte und schwächere Bindekräfte führen unter energetisch günstigen Bedingungen zur Herausbildung komplexer molekularer Polymerstrukturen und Kristalle. An manchen Stellen kommt es unter besonders günstigen Bedingungen zu hoher Organisation: Enorm schwere organische Substanzen entstehen, wie etwa Eiweißmoleküle und Nukleinsäuren. Jetzt stehen die Grundbausteine für den Aufbau sich selbst reproduzierender Einheiten von noch höherer Organisation zur Verfügung: von Zellen. Diese Systeme erhalten einen dauernden Fluß von ihre Strukturen durchströmenden Substanzen aufrecht, also ein Fließgleichgewicht mit spezifischen Parametern. Input und Output können dann mit analogen Einheiten im umgebenden Medium koordiniert werden, womit der Weg zu vielzelligen Phänomenen beschritten ist. Die sich daraus ergebenden Strukturen, die Organismen, sind in gleicher Weise geordnete Fließgleichgewichtszustände, errichtet über einem kontinuierlichen Strom freier Energien, Substanzen (fest integrierte Energien) und Informationen (kodierte Energiemuster).

Die Input-Output-Kanäle der Organismen können sich weiter zu dauerhaft strukturierten Bahnen verfestigen, wobei die Art dieser Bahnen zusammen mit den organischen Systemen selbst eine bestimmte supraorganische (ökologische oder soziale) Gemeinschaft bildet. Schließlich durchziehen diese Kommunikationsmuster die ganze Raum-Zeit-Region, in der sich die Ursprungssysteme zusammengefunden hatten. Jene Bereiche der Raumzeit, die günstige Bedingungen für eine erneute Strukturierung bereitstellen, werden zu Systemen noch umfassenderer Art organisiert. Wir gelangen so auf die Stufe des globalen (ökologischen, und auf der Erde auch soziokulturellen) Gaia-Systems.

Unser Ort im Universum

Wenn obenstehende Sätze eine zwar knappe, aber im wesentlichen richtige Darstellung der Entwicklung und des Beziehungsgefüges der Natur geben, sind sie für unser Ego keineswegs schmeichelhaft. Einst war der Mensch in seinen eigenen Augen der Mittelpunkt des Alls, die Krönung der Schöpfung. Alle Entwicklung lief nur auf ihn zu, oder er war, in einem statischeren Weltbild, höchster Ausdruck der Weisheit des Schöpfers.

Mit dem Fortschritt des Wissens aber wurde die zentrale Stellung des Menschen im Universum in Frage gestellt. Die Sonne weigerte sich bedauerlicherweise, unserem Bild von ihr zu entsprechen und den Menschen zu dienen, indem sie getreulich ihrer lichtspendenden Bahn über den Himmel folgte. Stattdessen machte sie sich unsere Erde zu ihrem Satelliten. Das Sonnensystem erwies sich ebenfalls nicht als die größte oder majestätischste Schöpfung im All, sondern als etwas weit Geringeres. Man entdeckte, daß es sich nur um ein relativ unbedeutendes System am Rand einer Galaxie handelte. Immerhin fanden jene, die mit einigem Schrecken die Vertreibung des Menschen aus dem Mittelpunkt der Welt zur Kenntnis nahmen, einen gewissen Trost in der Tatsache, daß sich unsere Galaxie wenigstens als eines der größeren Systeme ihrer Art erwies.

Doch die Entthronung des Menschen setzte sich fort. Man erkannte, daß sich die Entwicklung der Arten aus gemeinsamen Ursprüngen nach dem Gesetz der biologischen Evolution vollzog. Der Mensch verlor den Sonderstatus als von vornherein allen anderen überlegenes Lebewesen. Alle Eigenschaften, die der Mensch als Mensch besitzt, mußte er im Lauf seiner Entwicklung aus niedrigeren Fähigkeiten erst erworben haben. Und es glückte nun immer weniger, uns davon zu überzeugen, daß wir im Prozeß der Evolution so etwas wie eine Seele erworben haben sollten. Die Menschheit mußte sich damit abfinden, ihren Platz neben anderen Tierarten im Tierreich einzunehmen.

Trotzdem besitzt unsere Gattung Merkmale, die mit anderen »Tieren« nicht vergleichbar sind. Es sind nur dem Menschen eigentümliche Errungenschaften, auf die er, wie es zunächst noch schien, mit Recht stolz sein konnte. Bewußtsein, abstraktes Denken, Sprachfähigkeit, höhere Gefühle – und Ausdruck und Verkörperung all dessen in Verständigungsmitteln wie dem geschriebenen und gesprochenen Wort, Kunstwerken und anderen Objekten, die Gefühle und Empfindungen darstellen, sowie den vielen Zeichen und Symbolen, die in der Welt des Menschen Bedeutungen und Leitfunktionen übermitteln, sind gewiß Errungenschaften ohne Konkurrenz und als solche, so glaubte man, anderen Arten überlegen.

Trotzdem müssen wir, auch wenn andere irdische Spezies diesen Dingen und Fähigkeiten nichts Gleichwertiges zur Seite zu stellen haben, doch zugeben, daß sie im Prinzip von manchen anderen Arten ebenfalls erworben werden *könnten*. Man weiß zum Beispiel, daß es Schimpansen Spaß macht, bunte Farben auf einer Leinwand zu verteilen, daß sie Werkzeuge herstellen und gebrauchen und eine rudimentäre Art von Symbolsprache erlernen können.

Den Gnadenstoß versetzt unserem anthropozentrischen Dünkel aber die Erkenntnis, daß menschliche Eigenschaften nicht notwendigerweise »höhere« Errungenschaften oder Beweise für besonderen evolutionären Fortschritt sind. Das Ziel der Evolution braucht für

81

andere Arten nicht unbedingt der Mensch zu sein, und daß es so ist, muß man ihr nicht als Versagen anrechnen. Viel wahrscheinlicher ist, daß der menschliche Entwicklungsweg nur eins der unzähligen Experimente ist, die die Evolution zu veranstalten pflegt – ein Experiment, das sie bei Erfolg fortsetzt und bei Mißerfolg abbricht. Ein Mensch mit all seinen Besonderheiten ist weder besser noch schlechter als eine Giraffe mit ihrem langen Hals, der Vogel mit seinen Flügeln, oder der Ameisenbär mit seiner peitschenartigen Zunge.

Die Evolution »strebt« gar nicht in Richtung spezifisch menschlicher Eigenschaften, auch wenn sie sich dieser Eigenschaften unter ziemlich außergewöhnlichen Bedingungen bedient. Die Evolution läuft einfach nur auf die fortschreitende Strukturierung der Biosphäre hinaus. Dabei ergibt sich immer mehr Kommunikation zwischen den Systemen einer Stufe, was dann zunehmend integrierte Suprasysteme auf der nächsten Stufe zur Folge hat.

Doch warum sind dann überhaupt menschliches Bewußtsein, Denken, Fühlen, Kunst und Sprache entstanden?

Bewußtsein

Der Begriff »Bewußtsein« wird deshalb oft so heiß diskutiert, weil er in den verschiedensten Bedeutungen verwendet wird. »Bewußtsein« kann einfach »Subjektivität der Erfahrung« bedeuten – eine subjektive Wahrnehmung der Sinnesdaten. In diesem Sinn besitzt auch unser Hund Bewußtsein. Er empfindet Schmerz, Hunger, Durst und Geschlechtstrieb. Er kann glücklich und traurig sein, besitzt also ganz allgemein ein Innenleben. In einer anderen Bedeutung jedoch ist Bewußtsein mehr als Subjektivität der Erfahrung. »Bewußtsein« kann bedeuten, daß man nicht nur Sinneswahrnehmungen hat, sondern das auch bemerkt. Ich kann für einen Moment innehalten und mir Gedanken über meinen augenblicklichen Zustand machen. Ich kann meine Wahrnehmungen untersuchen: Ich nehme diesen Computer auf dem Schreibtisch vor mir nicht nur wahr, sondern weiß auch, daß ich ihn wahrnehme. Und ich kann nicht nur traurig sein, sondern auch bemerken, daß ich es bin. Das gilt für alle (oder die meisten) Wahrnehmungen, die mein subjektives Seelenleben ausmachen. Ich bin mir aber keineswegs sicher, ob mein Hund Bewußtsein in dieser zweiten Bedeutung des Wortes besitzt, intelligent wie er in anderer Hinsicht sein mag. *Selbst*-Bewußtsein zumindest scheint also eine nur dem Menschen eigentümliche Eigenschaft zu sein. Und sie ist die Grundlage für eine ganze Reihe anderer Eigenschaften, die alle irgendwie die Fähigkeit voraussetzen, Dinge nicht nur wahrzunehmen und zu empfinden, sondern auch zu wissen, daß man sie wahrnimmt und empfindet.

Es ist völlig unmöglich, Subjektivität der Erfahrung (also Bewußtsein in seiner grundsätzlichen Bedeutung) durch eine besondere Struktur und Funktion des menschlichen Organismus und seines Gehirn- und Nervensystems zu erklären. Wenn wir zugeben, daß der Mensch Subjektivität der Erfahrung besitzt, so müssen wir es auch für Schimpansen und Hunde zugeben, da sie ebenfalls mit einem Gehirn und Wahrnehmungsorganen ausgerüstet sind und zielgerichtetes Verhalten erkennen lassen. Geben wir dies aber zu, so sind wir auch gezwungen einzuräumen, daß alle Organismen mit einem Nervensystem und Anzeichen zielgerichteten Verhaltens über Subjektivität der Erfahrung verfügen müssen.

Betrachten wir einfachere Lebensformen, so finden wir auch dort Sinneswahrnehmungen und zielorientiertes Verhalten, ohne daß mehr dazu erforderlich wäre als die ersten Spuren eines Nervensystems, wie Nervenknoten beziehungsweise Ganglien. Würmer zum Beispiel zeigen alle Merkmale einer Empfindung, wenn sie auf ein Hindernis stoßen oder zusammengedrückt werden. Auch tun sie offenbar alles, um unangenehmen Situationen zu entkommen und in angenehmere zu gelangen. Warum sollten wir also sagen, es mangle ihnen an Subjektivität der Erfahrung? Und wie steht es mit den Pflanzen?

Jüngste Experimente zeigen, daß sogar Pflanzen empfinden können. Auf jeden Fall nehmen sie Sonnenlicht, Temperaturveränderungen, Hindernisse und so weiter wahr. Sie modifizieren dementsprechend ihr Verhalten: Die meisten Pflanzenarten wachsen um ein Hindernis herum und antworten auf Richtungsänderungen des Sonnenlichtes, indem sie sich entsprechend bewegen oder mehr Blätter an sonnigen Stellen entwickeln als an anderen. Selbst wenn man davon ausgeht, daß Pflanzen keine Wahrnehmungen und Empfindungen nach Menschenart besitzen, muß man sich fragen, ob es sich bei ihren Reaktionen auf veränderte Umweltbedingungen nicht wenigstens um rudimentäre Arten der Wahrnehmung handelt. Und wenn dem so wäre: Folgt daraus nicht die Annahme, daß diese Wahrnehmungen von der Pflanze in einer Weise »empfunden« werden, die unseren Empfindungen analog ist, mag sie auch unendlich weniger entwickelt sein? Mit einem Wort: Es läßt sich im Reich des Organischen anscheinend nirgendwo mit gutem Grund eine Grenze ziehen zwischen Arten, die über Subjektivität der Erfahrung verfügen, und denen, die nicht darüber verfügen.

Es ist sicher eine Zumutung für unser Denken, den Begriff der Subjektivität der Erfahrung auch noch über die Stufe vielzelliger Lebewesen hinaus auszudehnen. Doch bleibt es uns nicht erspart. Wenn eine frei bewegliche Amöbe offenbar eine primitive Art der Sinneswahrnehmung besitzt, entsprechend den »Tropismen«, mittels derer sie sich in ihrer Umwelt orientiert, läßt sich dann behaupten, daß der spezialisierten Pflanzen- oder Tierzelle etwas dergleichen fehlt? Es gibt nichts im Bereich von Struktur und Funktion der Einzeller, über das die Zelle des vielzelligen Tieres nicht ebenso verfügte. Wir müssen also, wenngleich widerstrebend, den Schluß ziehen, daß die unseren Körper aufbauenden Zellen Sinneswahrnehmungen eigener Art haben, die natürlich ihrer Stufe der Sinnesfähigkeit entsprechen und nicht der Stufe der Sinnesfähigkeit unseres gesamten Organismus, also *unserer* Sinnesfähigkeit.

Um unsere Fragestellung nicht auch auf jede Hauptart natürlicher Systeme auszudehnen, wollen wir nur zwei Grenzfälle untersuchen. Nehmen wir zuerst das Atom. Wenn es mit einem Teilchen oder einer Welle beschossen wird, deren Frequenz über der Elastizitätsschwelle des Atoms, aber unter der für Kernspaltung benötigten Energie liegt, reagiert es durch Quantensprünge und Freisetzung von Energie in einer Größenordnung, die der absorbierten Energie entspricht. Ist dies nicht auch eine Art von Sensitivität? Und ist die Behauptung gerechtfertigt, das Atom sei lediglich ein Automat und empfinde dabei nichts? Natürlich empfindet es nicht wie ein Mensch. Aber es könnte durchaus so empfinden, wie eben Atome empfinden, könnte also eine Art Subjektivität der Erfahrung besitzen, wenn auch eine sehr undifferenzierte.

Das andere Beispiel bezieht sich auf von Pflanzen, Tieren und Menschen gebildete supraorganische Systeme. Wenn ein Schwarm Bienen in seinem Stock gestört wird, wird jede einzelne Biene gestört und reagiert entsprechend. Aber ist es nicht so, daß auch der ganze Schwarm gestört wird, eine vielleicht vage, aber doch eigenständige Realität? Und ist es nicht auch der Schwarm und nicht nur die einzelne Biene, der reagiert, indem er den Eindringling verfolgt? Sicher, wir haben nicht die einzelnen Bienen plus den Schwarm vor uns, ebensowenig wie wir die einzelnen Zellen eines Körpers plus den Körper vor uns haben. Doch wenn ein Hund nach einer Fliege auf seiner Nase schnappt, sind es nicht nur seine Körperzellen, die danach schnappen – obwohl sie alle an der Aktion beteiligt sind –, sondern der Hund als ganzes Tier. Und genau in diesem Sinne gilt auch, daß es nicht nur die einzelnen Bienen sind, sondern der Schwarm als Ganzes, der den störenden Eindringling verfolgt.

Der Unterschied zwischen einem Bienenschwarm und einem Hund ist quantitativ und nicht qualitativ. Der Hund ist ein stärker integriertes System als ein Bienenschwarm, deshalb ist es in mancher Hinsicht bequemer zu sagen, der Hund handle, als seine Körperzellen. Man stelle sich vor, wie umständlich es wäre, die Reaktion eines Konzertbesuchers auf ein Beethovenstück als Reaktion aller Zellen seines Nervensystems beschreiben zu müssen, gar nicht zu reden von den subzellularen Geweben und Körperchen, die eine Nervenzelle bilden. Genauso ist es bequemer, von einer ganzen Studentenschaft als rebellisch oder intelligent oder faul zu sprechen als von jedem einzelnen Studenten.

Auf bestimmten Stufen der Integration beginnt Kohäsion unter den vielen Elementen zu wirken, und sie sprechen mit *einer* Stimme. Da dies ebenso richtig ist im Verhältnis von Körperzellen zu Organismen wie von Organismen zu Gesellschaften – welches Recht haben wir dann, Gesellschaften Subjektivität der Erfahrung abzusprechen, sie anderen Einheiten aber zuzubilligen? Wir müssen letztes Endes zugestehen, daß alle natürlichen Systeme, welcher Art auch immer, Subjektivität der Erfahrung besitzen, mag auch der Grad ihrer Subjektivität von Stufe zu Stufe und von Art zu Art differieren.

Diese Schlußfolgerung steht nicht im Widerspruch zu unserem gesunden Menschenverstand. Sie erweitert dessen Anwendungsbereich nur über die ihm gewohnten Grenzen hinaus. Klare, deutlich unterschiedene Sinneswahrnehmungen bleiben Tieren mit entwickeltem Gehirn und Nervensystem vorbehalten, kennen wir doch die Abhängigkeit hochdifferenzierter Formen der Bewußtheit von Nervenstrukturen und -funktionen. Doch es besteht keine ausschließliche Korrelation zwischen dem Nervensystem und der Fähigkeit zur subjektiven Wahrnehmung. Der Besitz subjektiver Wahrnehmung ist nicht unbedingt an den Besitz eines Nervensystems gekoppelt, wie auch umgekehrt die Abwesenheit eines Nervensystems nicht Abwesenheit der Subjektivität der Erfahrung bedeutet, sondern nur ihre Auflösung in einen allgemeineren, undifferenzierteren Wahrnehmungsstrom, der vielleicht vage unserer Empfindung von

85

Lust und Schmerz ähnelt. Die Fähigkeit zu Wahrnehmungen dieser Art ist mit großer Wahrscheinlichkeit ein universelles Merkmal aller in der Natur vorkommenden Systeme.

Obwohl sich aus der ganzheitlichen Perspektive der neuen Systemwissenschaften der logische Schluß ziehen läßt, daß Subjektivität der Erfahrung ein universelles Merkmal aller Bereiche mit organisierter Komplexität ist, gibt es keine strengen empirischen Daten, die als Beweis dafür oder dagegen angeführt werden könnten. Letzten Endes können wir nur unsere eigenen Sinneswahrnehmungen beobachten. Sobald ich von denen meiner Frau oder meiner Söhne spreche, bewege ich mich schon im Bereich der Vermutungen. Wenn ich aber die Annahme, meine Subjektivität der Erfahrung sei einzigartig auf der Welt, für unvernünftig halte, bleibt mir nichts anderes übrig, als die Subjektivität der Erfahrung anderer Wesen aus Analogien in ihrer Physiologie und ihrem Verhalten abzuleiten. Und im Systemdenken erstrecken sich diese Analogien in weit über und unter dem Menschen liegende Bereiche hinein, also eindeutig auf die ganze Holarchie natürlicher Systeme.

Wenn Subjektivität der Erfahrung als die Fähigkeit eines Systems definiert wird, interne und externe Kräfte zu registrieren, die es in Form von Sinneswahrnehmungen, wie primitiv diese auch sein mögen, beeinflussen, so müssen wir zu dem Schluß kommen, daß Subjektivität der Erfahrung in dem Bereich der Natur, der sich durch organisierte Komplexität auszeichnet, ein universelles Phänomen ist.

Dieser Schluß darf aber nicht auf das reflektierende Bewußtsein, also die Fähigkeit eines Systems zum Bewußtsein seiner selbst, übertragen werden. Selbstbewußtheit ist im Gegensatz zur Subjektivität der Erfahrung offenbar keine universelle Eigenschaft natürlicher Systeme. Es gibt gute Gründe, Selbstbewußtheit nur mit bestimmten Arten hoch integrierter Nervenfunktionen in Verbindung zu bringen, wie sie von den höchstentwickelten Nervensystemen geleistet werden.

Es gibt relativ deutliche Verhaltensindizien, die Aufschluß darüber geben, ob sich ein Organismus seiner Wahrnehmungen bewußt ist oder nicht. Mit reflektierendem Bewußtsein ausgestattete Organismen sind nicht an die Welt der konkreten Erfahrungen im Hier und Jetzt gebunden, sondern können sich in einer quasi-autonomen Welt, die sie sich selbst schaffen, bewegen. Bloße Subjektivität der Erfahrung ist die Sklavin der Aktualität: Sie registriert Ereignisse nur dann, wenn sie auch wirklich stattfinden. Mitunter sehen wir einen

Elefanten, aber weit öfter keinen – dagegen läßt sich auf der Ebene der aktuellen Wahrnehmungen nicht viel ausrichten. Viel jedoch läßt sich ausrichten, wenn wir auf der Ebene unserer Selbstbewußtheit Dinge wie Elefanten vor unserem inneren Auge heraufbeschwören, – ja noch abseitigere Dinge wie etwa elektromagnetische Felder mit Kräftepotentialen oder Zwölfton-Musik. Dann bewegen wir uns nicht mehr auf der Ebene aktueller Wahrnehmungen, sondern auf der des *Vergegenwärtigens.* Dadurch, daß wir die Repräsentanten unserer Wahrnehmungen Revue passieren lassen können und nicht nur auf ihre Originale angewiesen sind, sind wir in der Lage, ganze Mengen von ihnen zu überblicken, zu klassifizieren und ihre gegenseitigen Beziehungen festzustellen. Wir können die Kopien der Originale willentlich heraufbeschwören und uns sogar ideale Gegebenheiten wie Zahlen und andere abstrakte Begriffe schaffen – reine »Vergegenwärtigungen« ohne direktes Gegenstück im Bereich der aktuellen Wahrnehmungen. Das bewußte Denken ist fähig, Sprache und Abstraktion zu entwickeln, Gegebenheiten, die nicht im Bereich bloßer Subjektivität der Erfahrung liegen.

Es ist relativ einfach, zu sagen, ob ein Organismus reflektierendes Bewußtsein besitzt oder nicht. Man braucht nur festzustellen, ob er Sprache und sonstige Ausdrucks- und Verständigungsmittel entwickelt hat und ob er imstande ist, die Grenzen des Hier und Jetzt durch das Aufstellen von Plänen, die nicht unmittelbar von aktuellen Reizen ausgelöst werden, zu überschreiten. Allein der Mensch genügt diesen Kriterien. Wenn Tiere wie Katzen miteinander »sprechen« – manchmal so laut, daß sie uns im Schlaf stören – und allem Anschein nach Mäusefangtaktiken entwickeln, bedeutet das noch nicht, daß sie über ein reflektierendes Bewußtsein verfügen. Ihr »Gespräch« ist Verständigung mittels Zeichen in Gestalt aktueller Reize und nicht Verständigung durch Symbole auf der Ebene des abstrakten Denkens. Ihre Taktiken in Reaktion auf die »Erkenntnis«, welchen Weg die Maus voraussichtlich nehmen wird, werden nur durch den Anblick und Geruch der Maus ausgelöst und sind nicht Ergebnis eines Plans, den sie sich vielleicht beim Sonnenbaden auf einem gemütlichen Fenstersims ausgedacht haben. Ohne die Intelligenz von Katzen leugnen zu wollen, müssen wir sagen, daß Katzen, ebenso wie Hunde und andere Tiere, zwar über hochdifferenzierte Sinneswahrnehmungen und präzise darauf abgestimmte Verhaltensreaktionen verfügen, jedoch keine Fähigkeit zur »Vergegenwärtigung« entwickelt haben, welche das autonome Reich reflektierenden Bewußtseins repräsentierte. Sie sehen, empfinden und wissen, *wissen* aber nicht, *daß* sie sehen, empfinden und wissen. Ebensowenig können sie ihr Sehen, Empfinden und Wissen willentlich beeinflussen.

Sagen wir aber damit nicht, daß diese bemerkenswerte Fähigkeit der Vergegenwärtigung psychischer Ereignisse und des Wissens darum ein wirklich geistiges Phänomen ist, etwas, was dem Menschen im Vergleich zur übrigen Natur zumindest eine Sonderstellung einräumt? In den vergangenen Jahrhunderten ist man von dieser Voraussetzung der Einzigartigkeit des Menschen ausgegangen. Doch in den letzten Jahrzehnten sind wir zu der Einsicht gelangt, daß der Informationsfluß, der der Selbstbewußtheit zugrundeliegt, nichts Übernatürliches oder auch nur besonders Komplexes ist. Man kann einen solchen Fluß zum Beispiel in künstlichen Systemen, etwa computergesteuerten Servomechanismen, erzeugen. Alles, was man dazu braucht, ist eine Schaltung, die speziell zum Lesen der Signale anderer Schaltungen konstruiert ist.

Ein Beispiel: Eine Anzahl von Robotern in einer Fabrik ist auf eine bestimmte Funktion, sagen wir das Lackieren von Autos, eingestellt. Das richtige Funktionieren der Maschinen wird durch eine Reihe elektrischer Impulse registriert, mit denen ein Computer gefüttert wird. Der Computer kann so programmiert werden, daß er ein grünes Licht aufleuchten läßt, wenn die Signale ein bestimmtes Muster aufweisen, und ein rotes Licht, wenn ein anderes Muster erscheint. Auf diese Weise vergegenwärtigt der Computer die Funktion der Maschinen und signalisiert jede Diskrepanz zwischen der erwünschten Norm und der tatsächlichen Leistung. Instrumente in Autos und Flugzeugen, die die Motorleistung anzeigen, tun im wesentlichen nichts anderes.

Man kann nun Computer konstruieren, die nur die Aufgabe haben, auf solche Signale zu reagieren. Sie sind so programmiert, daß sie bestimmte Signale aussenden, sobald sie irgendeine unregelmäßige Funktion registrieren. Mit diesen Signalen kann der Computer außerdem so gefüttert werden, daß sie Reparaturmechanismen bei jedweder Irregularität auslösen. Ist dann das Ganze wieder zur Normalität zurückgekehrt, werden die Notmaßnahmen automatisch abgeschaltet und der Computer geht wieder zum passiven Registrieren über.

Man kann noch raffinierter vorgehen und den Steuerungscomputer mit der Fähigkeit ausstatten, der Reihe nach verschiedene Reparaturtechniken auszuprobieren, bis eine davon funktioniert. Man kann ihn weiter so programmieren, daß er aus diesen Erfahrungen lernt und das nächste Mal, wenn die Unregelmäßigkeit auftritt, gleich zu der geeigneten Technik greift. Noch mehr: Manchen Computern läßt sich beibringen, eigene Techniken zu entwerfen, um ihre programmierten Leistungen zu verbessern. Schachcomputer zum Beispiel können ihre Strategien selbst so perfektionieren, daß sie ihre Erbauer regelmäßig schlagen. Diese »Dynamische Programmoptimierung« ist in vieler Hinsicht menschlichen Fähigkeiten ähnlich.

Doch sie ist nicht irgendeiner Seele oder einem Geist in der Maschine zu verdanken, sondern einer eigenen Schaltung, die nichts »herstellt« (also etwa Güter produziert oder ein Fahrzeug antreibt), sondern ausschließlich dafür bestimmt ist, sich die Leistungen anderer Systeme zu vergegenwärtigen und sie im Bedarfsfall zu korrigieren.

Es liegt auf der Hand, daß hochkomplexe Systeme, die eine Reihe von Aufgaben mit hoher Präzision erfüllen sollen, einen vergegenwärtigenden »Monitor« dieser Art benötigen. Viele künstliche Systeme nehmen solche Funktionen im Bereich der Zusammenarbeit von Mensch und Maschine wahr: Ein menschlicher Operator registriert die Funktionen der Maschine und korrigiert eventuelle Fehler. Manche weiterentwickelten Maschinen machen das selbst. Doch in der Natur können sich Systeme nur dann zu diesem Zustand entwickeln, wenn sie selbst einen solchen Monitor aufbauen. Und nur dem Menschen ist es gelungen, einen hochraffinierten Monitor zu entwickeln – obwohl auch höhere Primaten respektable Ansätze in dieser Hinsicht gemacht haben.

Der von uns Menschen aufgebaute Monitor ist die Großhirnrinde, Sitz des reflektierenden Selbst-Bewußtseins. Ohne die Großhirnrinde wären wir wie Tiere ohne reflektierendes Bewußtsein, zwar imstande zu Sinneswahrnehmungen und zur Koordination körperlicher Grundfunktionen, doch außerstande, über unsere Wahrnehmungen nachzudenken und vorauszuplanen.

Der Besitz eines reflektierenden Bewußtseins gibt uns eine Sonderstellung unter den Systemen der irdischen Natur. Doch weist diese Sonderstellung auf keine übernatürliche Qualität hin; sie ist auf eine Kombination einer Reihe höchst unwahrscheinlicher Umstände zurückzuführen, die den Menschen dazu veranlaßt haben, sich auf zuerst noch primitive und zufällige Monitor-Fähigkeiten zu verlassen.

Ein solches Bewußtsein bringt in der Tat selektive Vorteile mit sich. Ein Organismus, der darüber verfügt, kann Aktionen planen, den Plan mit anderen durchsprechen und ihn in zielgerichteter Teamarbeit durchführen. Unsere Vorfahren entwickelten die Anfänge der Selbstbewußtheit weiter und sprengten dadurch die Grenzen genetisch vorprogrammierten Verhaltens. Sie lernten, wie man aus Erfahrung lernt. Durch Nachdenken über die Ereignisse auf einer Jagd beispielsweise konnten sie die wesentlichen Elemente der Vorgänge herausfiltern und mit ähnlichen Situationen vergleichen. Sie konnten dann das erfolgreichste Verhaltensmuster auswählen und sich aneignen. Bloße Subjektivität der Erfahrung ist an die unmittelbare Wahrnehmung von Ereignissen gebunden. Nur Selbstbewußtheit befreit von der Abhängigkeit von aktueller Erfahrung und befähigt zur autonomen Steuerung dieser Erfahrung.

Mehr und mehr haben wir uns im Lauf der Zeit auf diesen Selektionsvorteil des Bewußtseins verlassen. Unsere physische Kraft, unsere instinktiven Fähigkeiten und Verhaltensmuster, sogar die Schärfe unserer Sinne nahmen damit Schritt für Schritt ab. Es bestand keine direkte Notwendigkeit mehr für sie.

Die Hauptlast des Kampfes ums Dasein lag nun auf abstrakten Denkvorgängen, also auf der Intelligenz. Wie Jean Piaget und andere Forscher ausführten, ist Intelligenz das wirksamste Instrument der Interaktion zwischen Organismus und Umwelt, wenn die Interaktion große Abstände überbrücken muß, komplex ist und präzise sein muß. Der Aktionsradius der menschlichen Intelligenz reicht weit in Raum und Zeit hinaus: Ein intelligentes Wesen kann über Vergangenheit und Zukunft, ebenso wie über ferne und nahe Dinge nachdenken.

Kultur

Das Denken lebt von jenen Komponenten im Strom der menschlichen Sinneswahrnehmungen, die mit einiger Regelmäßigkeit auftreten. Es sind die Invarianzen in diesem Strom, und unsere Vorfahren begriffen sie zunächst mit Hilfe der den Wahrnehmungen anhaftenden sinnlichen Qualitäten. Sie vergegenständlichten die sich wiederholenden Muster der Sinneserfahrung und statteten jene mit dinglichen Eigenschaften aus, die einem allgemeinen Muster entsprachen. Später symbolisierten sie diese Invarianzen und vergegenwärtigten sie in Klängen und Bildern.

Schon vor mindestens 50 000 Jahren finden sich die Anfänge der Kunst beim Cro-Magnon-Menschen, wie Höhlenmalereien in Lascaux und anderenorts bezeugen. Die Sprache dürfte sich im Lauf einer Periode von mindestens 500 000 Jahren allmählich entwickelt haben. Sie entfaltete sich aus expressiven Signalen, wie sie Tiere zur Verständigung benützen, zu den für menschliche Sprachen typischen denotativen Symbolen. Signale sind Reize, die auf Dinge von unmittelbarer Bedeutung in der Umgebung des Zeichengebers verweisen; Symbole dagegen können einen Sinn besitzen, der vom Hier und Jetzt total getrennt ist. Der Ritualtanz mancher Vogelarten signalisiert Paarungsbereitschaft zu diesem Zeitpunkt und an diesem Ort, doch ein Liebeslied kann vom Zusammensein der Partner und den dabei auftretenden Gefühlen sprechen und besingen, wie sich dieses Zusammensein an einem entfernten Ort und vor langer Zeit abgespielt hat.

Die menschliche Sprache, die denotative Symbole statt expressiver Signale benutzt, wurde zu einem wirksamen Instrument der Bedeutungsübertragung. Sie befähigte unsere Vorfahren nicht nur zum Überleben, sondern auch zur Herrschaft über die unmittelbare Umwelt. Menschliche Existenz wurde zu sozialer Existenz innerhalb eines gemeinsamen Gefüges von Bedeutungszusammenhängen, die durch gemeinsame Sprache mitgeteilt wurden. Das war die Geburtsstunde der Kultur. Sie schuf komplexe Formen der sozialen Organisation, wodurch wir zu soziokulturellen Lebewesen wurden.

Im Licht solcher Überlegungen könnte man den Schluß ziehen, Kultur sei »nichts anderes« als ein Instrument des Daseinskampfes. Doch wäre eine solche Schlußfolgerung voreilig. Der Psychotherapeut Victor Frankl hat einmal gesagt, die Formel des »nichts anderes als« sei nur die moderne Variante des »Nichts«, das der Nihilismus des 19. Jahrhunderts propagierte. Eins ist ebenso falsch wie das andere. Kultur mag in den Niederungen des Daseinskampfes entstanden sein. Als sie aber einmal da war, begann sie ein eigenständiges Leben zu führen. Kultur ist mehr als ein Instrument im Daseinskampf des Menschen. Sie ist ein qualitativ höheres Phänomen. Vernünftig zu denken und klar und intensiv zu fühlen, zu glauben und ein Gewissen zu haben, ist etwas qualitativ anderes als nur ein Verhalten, das das biologische Dasein und die Erhaltung der Art sichert.

Kultur und Daseinskampf dürfen nicht miteinander verwechselt werden. Die Fähigkeit, sich selbst zu erhalten, ist jedem natürlichen System einprogrammiert. Doch allein der Mensch hat eine autonome »Kultur« entwickelt.

Nirgends findet sich Beweismaterial für die Behauptung, entfaltete Kulturen stünden im Dienst des biologischen Daseinskampfes, auch nicht für die weitere Behauptung, es müsse notwendigerweise Kultur entstehen, sobald das biologische Überleben gesichert sei. Zu glauben, die menschliche Kultur sei ein der biologischen Evolution impliziertes Ziel, entbehrt jeder Grundlage. Doch Kulturen sind tatsächlich entstanden, und sie bildeten sich infolge der Entwicklung eines Gehirn-Monitors und den biologischen Zwecken dienenden, außergewöhnlich hohen Sinnesleistungen des Menschen.

Wir haben uns also durch die selbstreflektierenden Monitor-Eigenschaften des menschlichen Nervensystems, verbunden mit seiner besonderen Sensitivität für Umweltgegebenheiten, in großem Maße von den Beschränkungen der Sinneswirklichkeit emanzipiert und uns in eine von uns selbst geschaffene Welt gestellt. Wir können uns mit Ideen, Gefühlen und Überzeugungen umgeben, die sich nur indirekt auf die uns umringende Welt der empirischen Erfahrung beziehen. Als diese Fähigkeiten sich zum ersten Mal bemerkbar machten, brachten sie Selektionsvorteile für den Menschen in einer Umwelt mit sich, die noch von vielen anderen, physisch stärkeren und schnelleren Geschöpfen bewohnt war. Nachdem sich diese Fähigkeiten einmal entwickelt hatten, gerieten wir in äußerste Abhängigkeit davon.

Es ist wie beim Zauberlehrling. Benutzt man seinen Verstand dazu, ein Beutetier zu erjagen und das gemeinsame Territorium zu verteidigen, so kann man ihn beim Betrachten des funkelnden Sternenhimmels nicht einfach wieder außer Kraft setzen. Der Verstand kann sich nicht plötzlich abschalten. Ebenso unmöglich ist es, seine mystischen Gefühle und seinen Glauben an Mythen nur für Zeiten zu reservieren, wo sie eine positive Funktion erfüllen – etwa bei Ritualen, die konkrete Aggressionsakte ersetzen können –, und im Alltag nicht mehr zu fühlen und an sie zu glauben.

Nachdem der Mensch angefangen hatte, seinen Verstand in bestimmten Situationen zu gebrauchen, war er auf Gedeih und Verderb an ihn gebunden. Und als er einmal die Fähigkeit entwickelt hatte, nur vorgestellte Befriedigungen an die Stelle von wirklichen zu setzen, konnte er auch diese Fähigkeit zu fühlen, vorzustellen und zu glauben unmöglich wieder beseitigen. Es war uns jetzt ebenso verwehrt, zum Naturzustand zurückzukehren, wie Adam und Eva, wieder ins Paradies zurückzukehren – ein Mythos, der diese Erkenntnis bildhaft ausdrückt. Der Apfel nicht nur der Erkenntnis, sondern auch der mannigfachen Implikationen der Kultur führte zu unumkehrbaren Folgen. Ebensowenig wie man ein halb-gekochtes Ei in ein ungekochtes zurückverwandeln kann, läßt sich eine halb-erkannte Wahrheit wieder verlernen.

Da uns somit der Rückweg versperrt war, blieb nur das Vorwärts-gehen. Und die überlieferte Geschichte zeigt, daß der Mensch sich zum Vorwärtsgehen entschloß.

Die phylogenetische Entwicklung des Menschen forderte ein re-flektierendes Bewußtsein als Mittel zum Überleben. Als dieses Be-wußtsein jedoch entstanden war, übernahm es sogleich die Führung bei unserer Evolution. Das Mittel wurde zum Zweck: Die sich selbst erhaltende biologische Art verwandelte sich in eine Art mit Kultur, empfänglich für Wissen, Schönheit, Glaube und Ethik.

Unsere Evolutionsgeschichte bestimmte zwar unausweichlich, daß wir zu einem Geschöpf mit Kultur wurden, ließ aber offen, welche Art von Kultur wir entwickelten. Daher ist heute unser Problem nicht, ob wir Kultur haben sollen oder nicht, sondern welche Art Kultur wir entfalten sollen. Und das erfordert gewissenhafte Überle-gung. Denn die Kultur, die wir von unseren Vätern und Vorvätern ererbt haben, beginnt unser Dasein auf diesem Planeten ernstlich zu gefährden. Würden wir sie lediglich blind übernehmen, wären wir höchstwahrscheinlich nicht mehr imstande, zu tun, was unsere Vor-fahren einmal taten, nämlich diese Kultur Kindern und Kindeskin-dern weiterzuvererben. Möglicherweise haben wir dann keine En-kelkinder mehr, denen wir sie weitergeben könnten.

Das wirft nun die Frage auf, was letzten Endes die Art einer Kultur bestimmt.

Die überlieferte Geschichte ist nur ein Bruchstück der Geschichte der menschlichen Gesellschaft. Doch auch im Laufe dieser relativ kurzen Zeit gingen wie in allen vorhergehenden Epochen die Orga-nisationsprozesse, die zu größerer Differenzierung, Komplexität und fortschreitender Assoziation von Individuen in Gruppen, und Grup-pen in größeren Gruppen, führten, unaufhörlich weiter, manchmal in beschleunigtem, manchmal in verlangsamtem Tempo. Niemals hat sich die Richtung der Entwicklung, außer in lokalen Bereichen, dabei umgekehrt, und wo dies geschah, geschah es niemals für län-gere Zeit. Aufs Ganze gesehen fand auf der Ebene des Sozialen die evolutionäre Verzweigung ebenso wie im Reich des Organischen statt – jetzt allerdings im Rahmen von Kulturen. Und Kulturen kön-nen das Tempo der Entwicklung beschleunigen oder bremsen.

Es gibt viele kulturelle Faktoren, die Vergesellschaftungsprozesse ankurbeln oder verlangsamen können. Die Fähigkeit, Werkzeuge zu benutzen, ist einer davon. Sie hat in unserer Kultur zu den gewaltigen Möglichkeiten der modernen Technik geführt. Sitten, Bräuche und Gesetze, die die zwischenmenschlichen Beziehungen und den Austausch von Gütern regeln, sind weitere Faktoren, ebenso wie Geschwindigkeit und Grad des Informationsaustausches.

Doch all diesen Faktoren überlegen ist eine Faktorengruppe, die beherrschenden Einfluß hat, da sie Auswirkungen auf Fortdauer, Wachstum oder Verfall jeder Art von Technik, Rechtssystem oder Informationsaustausch impliziert. Es handelt sich um das in einer Kultur gültige Wertesystem. Kulturen sind letzten Endes wertbestimmte Systeme. Insoweit sie unabhängig von der Befriedigung biologischer und sexueller Triebe der Gattung sind, erfüllen Kulturen keine körperlichen Bedürfnisse, sondern Werterwartungen. Werte definieren das Bedürfnis des Kulturmenschen nach Rationalität, Sinnhaftigkeit im Emotionalen, Reichtum im Leben der Phantasie und Tiefe im Glauben. Alle Kulturen sind unter anderem Antworten auf solche suprabiologischen Werterwartungen. Doch in welcher Form sie diese Antworten geben, hängt von den Wertvorstellungen der Menschen ab.

In den Kulturen der Frühzeit waren rationale, emotionale, imaginative und mystische Elemente durch innere Einheit miteinander verwoben. Der Mythos ist teils Wissenschaft, teils Kunst, teils Religion. Wie viele Jahrtausende die Menschheit mit einem Bein auf dem festen Grund biologischer und physikalischer Realitäten und mit dem andern in der Nebelwelt des Mythos stand, kann nur Gegenstand von Spekulationen sein. Doch so viel ist sicher: Das wissenschaftliche Denken des Abendlandes streifte die Eierschalen des Mythos erst vor etwa viertausend Jahren ab, mit dem Beginn der griechischen Hochkultur. In einem langsamen, doch unaufhaltsamen Prozeß trennten sich die rationalen von den emotionalen, imaginativen und mystischen Elementen des Mythos. Das rationale Element verdichtete sich in der Philosophie, erst der kosmologischen, dann der anthropologischen und politischen Philosophie, die anderen Elemente in Religion, Literatur und Kunst. Die große Spaltung, die zur mittelalterlichen Unterscheidung von Geistes- und Naturwissenschaften und später zu der Malaise der »zwei Kulturen« führte, war durch die Rivalität der griechischen Philosophen und Dramatiker bereits im Ansatz vorgegeben. Die umfassende Einheit

94

der Kulturen der Frühzeit war zerbrochen und wurde bis heute nicht mehr völlig wiederhergestellt.

Das goldene Zeitalter der griechischen Kultur war vom Ideal des »guten Lebens« geprägt gewesen. Ihm folgte das Christentum im Westen, das das gute Leben ins zukünftige Leben verlegte: ins Reich Gottes. Erst zu Beginn der Neuzeit wurde diese »ewige Ordnung« wieder dem Richtspruch der Erfahrung und des rationalen Verstandes unterstellt. Die Menschen verschrieben sich neuen Werten. Zuerst bauten sie ihr Leben auf der Annahme auf, es gebe eine begrenzte Menge von Gütern und es komme darauf an, diese so gerecht wie möglich zu verteilen. Was der eine gewann, verlor der andere. Doch mit dem Aufstieg der modernen Naturwissenschaften und dem Erwerb neuer Produktionsmethoden wurde die Ideologie gerechter Verteilung durch die Ideologie des Wachstums ersetzt. Die Theorie des Frühkapitalismus, wie sie etwa von Adam Smith formuliert wurde, beruhte auf der Erkenntnis, daß es ökonomische Zyklen geben kann, bei denen ein Ereignis kontinuierlich aus dem andern folgt und jeder gewonnen hat, wenn der Kreislauf wieder zum Ausgangspunkt zurückkehrt. Man glaubte, daß diese Kreisläufe – etwa Sparen, Investieren, Produzieren, Verteilen, Verbrauchen, Arbeiten und wieder Sparen – für die Welt materieller Güter gelten und daß die geistigen Güter dann schon folgen würden, sobald nämlich jeder mit dem, was er sich wünschte, ausreichend versorgt wäre.

Ausgerüstet mit den sich aus der Newtonschen Wissenschaft ergebenden technischen Möglichkeiten, führte der moderne Kapitalismus zu einem nie dagewesenen Wachstum der ökonomischen Produktivität. Seine Werte waren materialistisch: Das »Gute« ist eine große Pro-Kopf-Produktion, das Bessere eine noch größere.

Doch die beim Wirtschaftsfortschritt entstehenden Probleme führten zur Formulierung alternativer Theorien. Die radikalste war von Karl Marx. Er behauptete, es sei notwendig, das Privateigentum an den Produktionsmitteln, die Arbeitsteilung und die Klassenunterschiede abzuschaffen. Andere, wie Keynes, schlugen ein Wirtschaftssystem vor, bei dem jeder die Möglichkeit besitzt, selbst so viel zu erwerben, wie ihm ausreichend schien. Aber auch die Ideale dieser Denker beruhten noch auf der Voraussetzung, daß materielle Güter Grundbedingung menschlichen Glücks sind; sei es, daß sie von kapitalistischen Unternehmen auf der Basis des Privateigentums, sei es, daß sie von einem sozialistischen System mit Kollektiveigentum erwirtschaftet werden. Das goldene Zeitalter, so dachte man, würde anbrechen, sobald die Grundbedürfnisse des Menschen gestillt wären. Das bedeutete größere Produktion und eine gerechtere Verteilung der Güter.

In der Zwischenzeit reduzierte die westliche Kultur die Sterberate, ohne gleichzeitig die Geburtenrate zu senken, steigerte den Informationsaustausch zwischen Mensch und Mensch und veränderte das Gesicht der Erde nach ihrem Muster. Das führte zu einem ungleichen Verbrauch natürlicher Ressourcen durch eine immer zahlreicher werdende Erdbevölkerung. Und während in vergangenen Jahrhunderten die Menschen glaubten, der Himmel sei die Grenze, muß sich unsere Generation notgedrungen zu der Einsicht bequemen, daß die Erde die Grenze ist. Der Mensch kann nur so viel, wie da ist, für seine Zwecke nutzen. Wir können die Pro-Kopf-Produktion unmöglich bis ins Unendliche steigern. Es ist nicht einmal möglich, den gegenwärtigen Lebensstandard in Amerika und Westeuropa auf die übrige Welt zu übertragen.

Es können nicht alle Bewohner unserer Erde so leben wie der westliche Mensch heute lebt, dafür ist die Erde einfach nicht reich genug. Für die Anhänger des Wachstumsglaubens ist das etwas völlig Neues. Der Fortschritt kann nicht in »immer mehr und immer größer« bestehen, er muß neu definiert werden. Das bedeutet: Wir brauchen ein neues Wertesystem. Aber wo sind die Fundamente, auf denen es errichtet werden könnte?

Vom Wesen der Werte

Bis vor nicht allzulanger Zeit war es üblich, daß die Wissenschaftler Wertmaßstäbe mit großer Skepsis betrachteten. Man hielt Werte für nicht mehr als für den Ausdruck individueller Vorlieben und Abneigungen und bezeichnete sie als emotionale, subjektive Reaktionen. Als Fakten, die bewiesen oder widerlegt werden können, galten sie nicht. Der Relativismus der Kulturanthropologen sprach in Verbindung mit den Vorstellungen der Moralphilosophen das Todesurteil über normative Wertmaßstäbe. Die Philosophen fanden keine wissenschaftliche Begründung für Wertmaßstäbe und hielten es daher für sinnlos, überhaupt darüber zu diskutieren. Das Recht auf einen solchen Skeptizismus leitete man teils aus der Beobachtung ab, daß Menschen tatsächlich die unterschiedlichsten Wertvorstellungen haben, teils von dem Umstand, daß Werte keine verläßliche empirische

96

Grundlage besitzen. Man kann sie weder sehen noch hören, berühren, schmecken oder riechen und meinte daher, daß es tatsächlich keine Rechtfertigung für Werturteile gibt, außer eben persönliche Vorlieben.

Trotzdem könnte eine solche Skepsis in bezug auf Wertmaßstäbe zu voreilig sein. Daß viele Werturteile nicht auf der Basis bewußter Einsicht in objektive Gründe gefällt werden, mag richtig sein. Es könnte sogar sein, daß tatsächlich alle Werturteile in der Geschichte der Menschheit bisher nicht auf völlig objektive Gründe Bezug nahmen. Das würde dennoch nicht ausschließen, daß es erkennbare, objektive Wertgrundlagen gibt und daß es möglich ist, zu gesicherten, objektiven Werturteilen zu kommen.

Objektive Wertmaßstäbe lassen sich direkt aus dem modernen systemtheoretischen Weltbild ableiten. Die einschlägigen Grundbegriffe seien kurz umrissen.

Werte sind Ziele, die der Mensch durch sein Handeln anstrebt. Alles Handeln, das auf das Erreichen eines Ziels hin orientiert ist, ist wertorientiertes Handeln. Das gilt für zerstörerische Dinge wie Torpedos, die sich selbst auf große Metallkörper wie Schiffsrümpfe ausrichten, ebenso wie für so großartige Dinge wie die Pinselstriche eines bedeutenden Malers, die zur Verwirklichung eines Meisterwerks auf der Leinwand führen sollen. Nichts, was ein Ziel anstrebt, ist wertfrei. Sogar die Naturwissenschaft, jenes oft zitierte Paradebeispiel für menschliche Objektivität, erwies sich im Licht der modernen Forschung als wertorientiert, und zwar nicht nur in dem allgemeinen Sinn, daß sie nach Wahrheit strebt, sondern auch in dem spezielleren, daß sie dabei bestimmte Methoden bevorzugt. Nichts existiert im Bereich der Kultur, was das Reich der Werte nicht tangieren würde, es gibt hier keine freischwebenden Tatsachen, die man ohne Bewertungen und Erwartungen »einfangen« könnte.

Und was noch wichtiger ist: Vom Systemstandpunkt aus gesehen gibt es in allen Bereichen natürlicher Systeme nichts, was wertfrei wäre. Natürliche Systeme nützen die Offenheit des physischen Universums aus, indem sie auf Kosten von Unordnung und Entropie in ihrer Umgebung in sich selbst Ordnung aufbauen und frei verfügbare Energie an sich ziehen. Während die Umgebung solcher Systeme also an Kraft abnimmt, halten sie sich selbst in einem Fließgleichgewicht und wachsen und organisieren sich dabei sogar weiter. Wenn man ein solches System ist – und wir alle sind es –, wird man in seiner Umgebung klar definierte Werte wiederfinden. Man muß sich nämlich gegen den physischen Verfall, dem alle Dinge unterworfen sind, behaupten und dabei auch die jeweils notwendigen Reparaturen vornehmen. Dazu gehört im Falle von sehr komplexen Systemen jene letzte »Reparaturmöglichkeit«, die darin besteht, das ganze System zu ersetzen und es mittels eines spezifischen Teils zu reproduzieren. Das sind allen natürlichen Systemen gemeinsame Werte, die bei suborganischen, organischen und supraorganischen Systemen gleichermaßen in der einen oder anderen Form auftreten. Kein System kann es sich leisten, solche Werte längerfristig zu ignorieren, andernfalls würde dies mit hoher Wahrscheinlichkeit in eine Desorganisation führen.

Wie diese Werte in Erscheinung treten, hängt von den besonderen Merkmalen und der Stufe eines Systems im holarchischen Aufbau ab. Zwar besitzen alle natürlichen Systeme eine gemeinsame Wertebasis, doch unterscheiden sich die Formen, in denen sich die Werte manifestieren, von einer holarchischen Stufe zur anderen und von Systemart zu Systemart. Wenn die Mitglieder einer Systemart unter sich sehr differenziert sind, entstehen weitere Spezialisierungen. Das fällt am deutlichsten beim Menschen ins Auge. Wir besitzen die Wertebasis aller natürlichen Systeme, wir spezialisieren uns entsprechend der Stufe des Menschseins. Wir besitzen auch die Wertebasis aller Menschen als Personen, doch spezialisieren wir uns, um unseren individuellen Auffassungen und Zielsetzungen genügen zu können. Hier findet sich zwar Relativität, doch nicht bis ins Uferlose: Sie orientiert sich an objektiven, natürlichen Standards.

Moderne Kulturanthropologen haben eine Anzahl fundamentaler universeller Werte, die bei allen Völkern auftreten, identifizieren können. Grundwerte wie Überleben im Daseinskampf, Arbeitsteilung, Kinderaufzucht, Verehrung transzendenter Wesen und Vermeidung von Leid, Ungerechtigkeit und Schmerz zeigen sich bei allen Kulturen, wenngleich häufig auf ganz unterschiedliche Art. Die Oberflächenformen unterscheiden sich, während die Tiefenstrukturen einander analog sind. Der Mensch verfolgt, wo er auch lebt, seine Zwecke als biologisches, soziales und kulturelles Wesen.

Ziehen wir unsere Schlüsse aus diesen Gegebenheiten, so finden wir, daß unsere objektiven Grundwerte auch jene sind, die wir mit allen natürlichen Systemen gemeinsam haben. Jeder von uns *muß* (in dem Sinne, daß er gar nicht anders kann) sich ums Überleben, um Kreativität und um Anpassung in einer aus Wesen seinesgleichen bestehenden Gesellschaft bemühen. Die Alternative wäre hier

98

Isolation und Tod. Doch besteht kein Zwang in bezug auf die Art, wie eine Kultur diese Werte verwirklicht. Wir können entsprechend unserer Einsicht wählen. Natürlich *müssen* wir (im selben Sinn wie oben) uns dabei innerhalb der Grenzen der allgemeinen Werte natürlicher Systeme bewegen. Und eben diese Grenzen zu finden und zu respektieren, ist das Problem, vor das wir uns heute gestellt sehen.

Der Glaube, das »Gute« sei die Tugend als Harmonie der Seele, war eine Spezifikation der natürlichen Grundwerte in einer frühen Epoche der Geschichte. Der Glaube, das »Gute« sei die Produktion im Sinne eines »immer mehr und immer größer«, ist eine Auffassung der Gegenwart. Die Auffassung, Wohlstand sei gut, sofern er auf einer kapitalistischen Wirtschaft beruhe, oder die gegenteilige Auffassung, er sei nur gut auf der Grundlage eines sozialistischen Systems, waren weitere Spezifikationen moderner Wertmuster. Die Geschichte der abendländischen Kultur ist ein einziger Wettbewerb im Sinne einer »richtigen« Spezifikation dieser materialistischen Werte. Die Meinungen gingen nur im Hinblick darauf auseinander, *welche* Art von Produktion wirklich gut sei, nicht aber, *ob* materielle Produktion *überhaupt* das Wesen des Guten definiere.

Es ist natürlich immer leicht, zu kritisieren. Wir alle wissen, daß der Kritiker immer mehr weiß als der Kritisierte. So sieht es denn auch so aus, als seien relativ obskure Kritiker großen Staatsmännern und Wissenschaftlern, was Schärfe des Intellekts und der Beobachtung angeht, überlegen. Es ist aber eine Sache, den Finger auf Mängel bei einer Leistung zu legen, und eine andere, eine solche Leistung selbst zu erbringen. Beides ist notwendig. Doch Kritik ohne konstruktiven Aspekt wird selbstzerstörerisch: Der Kritiker manövriert sich selbst in einen Zustand ängstlicher Unbeweglichkeit hinein. Wir sollten deshalb nicht aufhören, auf die Mängel bestehender Werte hinzuweisen, doch haben wir auch die Pflicht, neue, bessere Werte aufzuzeigen.

Ein solches Unternehmen ist notwendigerweise selbst mit zahlreichen Problemen behaftet, muß aber trotzdem in Angriff genommen werden. Geht es ums Überleben, bleibt auch einer Schildkröte nichts anderes übrig, als von Zeit zu Zeit ihren Hals aus ihrem Panzer hervorzustrecken.

Die Frage der Normen

Wir fragen also jetzt nach den dem Menschen adäquaten Werten. Unterscheiden wir zunächst zwischen deskriptiven und normativen Werten. Unsere Kulturen besitzen Werte – eine ganze Wertehierarchie. Beschreibt man sie, ergibt sich ein System deskriptiver Werte. Normative Werte ohne Beziehung auf deskriptive Werte gibt es im Grunde nicht. Normative Werte – oder Wertnormen – entdecken wir, wenn wir bei der Untersuchung der charakteristischen Merkmale des Menschen auf Gegebenheiten stoßen, die eine Erfüllung menschlicher Bedürfnisse bedeuten. Normative Werte werden daher nicht beschrieben, sondern postuliert. Es sind Schöpfungen des forschenden Denkens.

Damit soll nicht gesagt sein, daß normative Werte willkürlich sind. Normen bilden immer den Hintergrund aktueller Bewertungen, werden auf verschiedene Art ausgedrückt und in unterschiedlichen Näherungsgraden erfüllt. Ein gutes Beispiel dafür ist ein gewöhnlicher Thermostat eines Heizungssystems. Stellt man die Steuerung auf 20° Celsius ein und funktioniert das Gerät, so wird die tatsächliche Temperatur im Haus um einen Wert von 20° Celsius herum schwanken. Die tatsächliche Temperatur ist den deskriptiv bekannten Werten einer Kultur vergleichbar, während die Einstellung des Thermostaten ihren normativen Werten entspricht. Es gibt keine von den deskriptiven Werten getrennten normativen Werte, ebenso wie es keine von der Einstellung des Thermostaten getrennte Temperatur in dem Haus gibt. Es gibt nur tatsächliche Bewertungen, bekannt durch Deskription oder Introspektion. Doch werden sie durch inhärente Normen reguliert, die sich durch Nachforschen entdecken lassen.

Was sind dem Menschen inhärente Normen? Die Antwort der Griechen auf diese Frage lautete, das Ziel des »guten« Lebens sei das Glück. Glück, so führte Aristoteles aus, ist die Verwirklichung des spezifisch Menschlichen in uns. Typisch für die rationalistische Prägung der griechischen Kultur ist dabei, daß für Aristoteles die Vernunft jenes Element war, durch das sich der Mensch vom Tier unterscheidet. Durch die Verwirklichung dieser Anlage zur Vernunft wird der Mensch, so Aristoteles, glücklich. Aber wir können uns die Ideen von Aristoteles auch ohne diesen besonderen Bezug auf die Vernunft zu eigen machen. Lebenserfüllung ist, darin sind sich moderne Ethiker und Psychologen einig, der Endzweck alles zielgerichteten menschlichen Verhaltens. Es ist die Verwirklichung der in uns angelegten Potentiale. Es ist das Muster dessen, was sein *könnte,* übertragen in die Wirklichkeit. »Individuelle Lebenserfüllung« kann also ein menschlicher Wert sein. Er läßt sich in der ganzheitlichen Systemperspektive spezifizieren und analysieren.

Aber individuelle Lebenserfüllung ist nicht die Entwicklung nur einer seelischen Fähigkeit oder eines Teils der Seele, wie die Griechen es sahen. Es ist die Verwirklichung jeder beliebigen Anzahl und jeder beliebigen Kombination der unterschiedlichsten beliebigen Potentiale, je nach Temperament und bewußten oder unbewußten Wünschen des Individuums. Was für den einen Erfüllung sein kann, mag für den anderen Zwang sein. Wir unterscheiden uns so sehr voneinander, daß es für den einen Gift ist, was für den anderen ein Leckerbissen darstellt. Doch sind wir andererseits auch nicht total verschieden voneinander, was uns ermöglicht, von einem Syndrom menschlicher Potentiale zu sprechen, aus dem das jeweilige Individuum die ihm entsprechende Art der Lebenserfüllung auswählt.

Lebenserfüllung bedeutet die Verwirklichung der menschlichen Möglichkeiten des Seins, insofern der Mensch ein biologisches und soziokulturelles Wesen ist. Es bedeutet körperliche und seelische Gesundheit. Es bedeutet Umweltanpassung des Menschen als eines biologischen Organismus, der ein nicht weiter reduzierbares Ganzes bildet, welches zum Aufbau der Systeme seiner Gesellschaft beiträgt.

Lebenserfüllung bedeutet aber auch, daß der Mensch auf seine Umwelt, sowohl auf die innere des Organismus als auch auf die äußere der Gesellschaft, einwirken kann, um sie mit der Verwirklichung seiner Potentiale in Einklang zu bringen. So erfordert Lebenserfüllung einen dynamischen Prozeß der Integration und Angleichung, wodurch Voraussetzungen für die Verwirklichung des vollen Potentials in uns geschaffen werden, des Potentials zu leben, zu wissen, zu fühlen und nach dem äußersten Horizont der Wirklichkeit auszugreifen.

Individuelle Lebenserfüllung ist ein konkreter Prozeß, bedingt durch konkrete Faktoren. Sie findet im Rahmen der Allgemeinsituation des Menschen statt, die sich in Form der Daseinsbedingungen der jeweiligen Persönlichkeit spezifiziert. Es ist unmöglich, für jede spezifische Situation *theoretisch* Normen anzugeben. Das muß immer der *Anwendung* der Theorie vorbehalten bleiben, wobei die besonderen Merkmale einer Situation entsprechend zu berücksichtigen sind. Wir können uns aber ein gewisses Verständnis der *typischen* Bedin-

101

gungen, die individuelle menschliche Situationen zu bestimmen pflegen, verschaffen, was uns dann ermöglicht, allgemeine Theorien auf besondere Fälle anzuwenden.

Gehen wir also etwas auf Distanz und betrachten die allgemeinen Determinanten der Situation des Menschen der Gegenwart vom ganzheitlichen Systemstandpunkt aus.

Determinismus und Freiheit

In der Welt organisierter Komplexität determiniert der »Zeitpfeil« nicht, welchen Weg die einzelnen Systeme einschlagen – nur, in welcher Richtung ihre Wege konvergieren. Die generelle Unumkehrbarkeit des Organisationsprozesses schließt die fortschreitende Differenzierung der vorhandenen Systeme ein, sowie das Aufgehen kleinerer Systeme in größeren Einheiten ohne Verlust ihrer Individualität und den zunehmenden Informationsaustausch unter den Systemen auf ihrer jeweiligen hierarchischen Stufe. Ein Ergebnis dieser Prozesse ist zunehmende Ordnung im größten Suprasystem. In der Sprache der Informationstheorie: »Geräusch« wird durch »Signale« reduziert und ersetzt. In einem Prozeß, der vorübergehendes Stehenbleiben und wieder Weitergehen sowie gelegentliche Rückschritte umfaßt, verliert das System aufs Ganze gesehen zunehmend an Offenheit für neue Möglichkeiten und wird immer regelmäßiger und gesetzlicher. Zufallsbestimmtheit ist auf dem Rückzug, Determiniertheit auf dem Vormarsch.

Es gibt empirische Beweise, daß sich die Entwicklung im soziokulturellen Bereich tatsächlich nach diesem Muster vollzieht. Relativ isolierte, einfache Sippen und Stämme werden in größere, komplexere Gemeinschaften eingegliedert, wobei der Informationsaustausch zwischen den Einheiten zunimmt. Später nehmen auch die Gemeinschaften Verbindung miteinander auf und bilden zusammen noch umfassendere Gesellschaften – Nationen, Staaten und Reiche.

Heutzutage erreichen wir die äußerste Grenze internationalen Informationsaustausches und der Systembildung. Die weitere Entwicklung kann, da größere Extensität nicht mehr möglich ist, nur noch in Richtung größerer Intensität verlaufen. Größerer Informationsaustausch unter einer endlichen Anzahl nationaler und multinationaler Systeme muß notwendig zur Folge haben, daß diese Systeme einander auch stärker determinieren. Wenn sich das Verhältnis »Geräusch« zu »Signal« durch immer weitere Kanäle internationaler Kommunikation zugunsten der Signale verschiebt, wird die Welt mehr und mehr zu einer einzigen Einheit.

Ein Dorf ist eine Einheit, weil jeder jeden kennt und jeder eine bestimmte Rolle in der Allgemeinheit spielt. Die Erde ist dann wirklich zu einem »Weltdorf« geworden, wenn überall ähnliche Bedingungen auf ihr herrschen. Natürlich wird auf dieser Ebene der Jedermann, der »jeden« kennt, nicht das Individuum sein, sondern Staatsoberhäupter und Firmenchefs in ihren offiziellen Berufsrollen. Das Individuum wird immer mehr in komplexe soziale Strukturen eingebettet sein. Die zwischenmenschliche Interaktion wird vermittelt sein durch die Interaktion zwischen zahlreichen soziokulturellen Einheiten, die von den Individuen und ihren Kerngruppen gebildet werden.

Wenn es so weit kommt – wehe den Individuen! Denn sie werden dann in dem Maß, wie die sie überlagernden Systeme determiniert sind, nur noch kleine Rädchen im Getriebe sein. Je mehr Organisation, desto mehr Reglement. Die Schaffung einer voll durchorganisierten Gesellschaft bedeutet die Schaffung voll reglementierter menschlicher Rädchen.

Doch nein – eine solche Bewertung der Situation wäre verfehlt. Man hört sie zwar oft, aber sie krankt an einem fundamentalen Irrtum: Sie tut so, als wären Individuen und Gesellschaft grundsätzlich mechanistische Systeme. In der ganzheitlichen Sicht aber sind es dynamische und nicht mechanistische Systeme: Ihre scheinbare Determiniertheit ist nicht dadurch bedingt, daß die Interaktionen zwischen den einzelnen Teilen determiniert wären, sondern durch eine statistische Korrelation.

In einfachen Mechanismen empfängt jeder Teil einen Input, dem dann wieder ein Output folgt, und zwar lediglich auf eine und nur eine Art. Man drückt hier auf eine Taste, woraufhin dort eine Anzeige erscheint. Gleichgültig, wieviele Teile an der Ereigniskette mitwirken – Zahnräder, Federn, Wellen und so weiter –, die Wirkung ist determiniert, weil jeder Teil sie auf streng determinierte Weise weitergibt. Weigert sich ein Teil mitzumachen, ist die Kette unterbrochen, und die Anzeige am anderen Ende erscheint nicht.

Natürliche Systeme sind jedoch nicht so beschaffen. Es gibt Korrelationen zwischen ihren Inputs und Outputs – zwischen dem, was man drückt und dem, was erscheint –, aber diese Inputs und Outputs sind nicht mechanistisch determiniert. Die Komponenten natürlicher Systeme bilden so etwas wie eine Demokratie, bei der sich alle darüber einig sind, daß bestimmte Aufgaben erfüllt werden müssen, wobei aber die Ausführung Freiwilligen überlassen bleibt. Es spielt nicht die geringste Rolle, welche Komponente eine bestimmte Aufgabe erfüllt. Es herrscht »Plastizität« innerhalb eines natürlichen Systems. Das System als Ganzes ist determiniert, doch die Beziehungen seiner Teile nicht. Es handelt sich also nicht um den mechanistischen kausalen Determinismus der klassischen Naturwissenschaft, sondern um die flexible, dynamische »Makrodeterminiertheit«, von der die modernen Systembiologen, -psychologen und -sozialwissenschaftler sprechen.

Wenn ein makrodeterministisches System selbst wieder zur Komponente in einem aus gleichgearteten Einheiten bestehenden System wird, nehmen die arbeitsteiligen Beziehungen zu seinen Nachbarsystemen eine Plastizität an, wie sie für Teile in größeren Systemen typisch ist. Deshalb gibt es Freiheit (d. h. einen signifikanten Grad der Indeterminiertheit) auf der Ebene der Elektronen im Atom, und Makrodeterminiertheit auf der Ebene des Atoms als einheitlich integrierter Struktur. Eine ebensolche Freiheit gibt es auf der Ebene der Moleküle in einem Gas, während auf der Ebene des Drucks, Volumens und der Temperatur des Gases als solchen Makrodeterminiertheit herrscht. Und eine ähnliche Freiheit existiert auf der Ebene der Zellen eines Organismus, obwohl auf der Ebene des Organismus als solchen Makrodeterminiertheit gilt.

Wenn man sich in den Finger schneidet, blutet er, und die Wunde verheilt dann wieder. Doch schreibt kein Gesetz der Physiologie vor, welche Zellen die neue Epidermis-Schicht bilden – nur daß es innerhalb einer bestimmten Frist eine bestimmte Anzahl von ihnen tut. Auf der Ebene der modernen multipersonellen Systeme ist die Makrodeterminiertheit noch auffälliger. Wir sehen, wie Firmen, Universitäten, soziale Organisationen und Regierungen determinierte Strukturen ausbilden, sehen aber zugleich, daß diese Strukturen den einzelnen Mitgliedern keine mechanistische Determiniertheit auferlegen. Soziokulturelle Systeme besitzen für bestimmte Rollen vorgesehene Stellen, vom Präsidenten bis zum Schuhputzer. Personen mit entsprechenden Qualifikationen können die Jobs ausführen, ungeachtet ihrer sonstigen Individualität. Rollen sind nicht für unverwechselbare Individuen gemacht, sondern für *Klassen* von Individuen, je nach Qualifikation. Wenn dann die Rollen gespielt werden, spiegelt sich allerdings die besondere Persönlichkeit jedes neuen Rolleninhabers in seinen Beziehungen zu den anderen, wodurch entsprechende Verschiebungen in der gesamten Organisationsstruktur stattfinden. Es herrscht also Flexibilität in dem System, da sich ein Teil dem anderen anpaßt.

Dieser Plastizität ist es zu verdanken, daß komplexe Systeme auch unter sich ändernden Bedingungen funktionsfähig bleiben. Völlig mechanistische Systeme kennen nur zwei Zustände: einen funktionierenden, wo alle Teile streng determiniert arbeiten, und einen nicht funktionierenden, wo einer oder mehrere Teile ausgefallen sind. Solchen Systemen mangelt es an der Plastizität der natürlichen Systeme, die sich im Falle einer Störung als dynamische, sich selbst wiederherstellende Ganze verhalten.

Die Umkehrung der Makrodeterminiertheit ist die funktionale Autonomie. Die funktionale Autonomie der Teile in einem natürlichen System summiert sich zur Makrodeterminiertheit des Ganzen. Funktionale Autonomie heißt nicht Unabhängigkeit. Eine gänzlich autonome (unabhängige) Ansammlung von Einheiten bildet kein System, sondern nur einen Haufen. Systemcharakter entsteht, wenn ein Regelgefüge hinzukommt, das die Teile untereinander verbindet. Doch zwingen diese Regeln die Teile nicht, sich auf eine und nur eine Art zu verhalten. Sie schreiben lediglich die Ausführung bestimmter Funktionstypen in einer bestimmten Reihenfolge vor. Die Teile verfügen über Optionen. Solange eine genügende Anzahl genügend qualifizierter Einheiten die vorgeschriebenen Aufgaben ausführt, werden die Erfordernisse der Systemdetermination erfüllt.

Jetzt können wir verstehen, warum selbst ein zunehmend determiniertes Gefüge sozialer Systeme dem Wert individueller Lebenserfüllung nicht widerspricht. Individuelle Lebenserfüllung gründet sich auf die Freiheit des Betreffenden, zu werden, was er sein kann, das heißt auf die funktionale Autonomie aller Menschen in einer Gesellschaft. Eine derartige Freiheit ist eine echte Möglichkeit, mag sie auch gegenwärtig nirgendwo voll realisiert sein.

Zwar sind die Gesellschaften unserer Tage auch nicht vollständig mechanistisch, aber manche sind es doch mehr als andere. Einige legen zum Beispiel fest, daß der Erstgeborene des Staatsoberhauptes das nächste Staatsoberhaupt sein soll, und treffen so eine mechanistische Vorauswahl unter den Möglichkeiten der Lebenserfüllung für dieses Individuum. Andere Gesellschaften zwingen Personen, bestimmte Rollen ohne persönliche Wahlmöglichkeit zu erfüllen, sei es im Wirtschaftsleben, bei Heiraten oder in der Politik; sie sind deshalb ebenfalls bis zu einem gewissen Grad mechanistisch.

Betrachten wir einmal ein System nationaler Verteidigung, das darauf beruht, daß der männliche Nachwuchs bestimmter Familien eingezogen wird, um das Land während einer gegebenen Frist zu verteidigen. Zweifellos wird auf diese Art das zur Verteidigung Notwendige getan, doch auf Kosten der persönlichen Freiheit auf der individuellen Ebene. Diese Gesellschaft ist ein rigides System. Solch ein System ließe sich zuerst dahingehend ändern, daß eine vorgegebene Quote aus männlichem Nachwuchs eines bestimmten Jahrgangs herangezogen wird. Jetzt kommt ein Moment individueller Chance ins Spiel. Denn daß ein bestimmtes Individuum zum Militärdienst eingezogen wird, ist nicht von vornherein vorherbestimmt. Dadurch ist der Starrheit des Systems allerdings erst ein Element des Zufalls hinzugefügt, es ist noch nicht flexibler geworden. Es zwingt einigen Individuen ohne Rücksicht auf ihre Wünsche ein bestimmtes Schicksal auf, um eine festgelegte Anzahl Soldaten zur Verfügung zu haben.

Wie erreicht man nun aber die volle Makrodeterminiertheit eines natürlichen Systems im Bereich der nationalen Verteidigung bei gleichzeitiger funktionaler Autonomie der Individuen? Dadurch, daß das System der Wehrpflicht überhaupt abgeschafft und durch eine Freiwilligenarmee ersetzt wird. Natürlich würde die Abschaffung eines solchen Systems, bevor genügend Freiwillige für eine ausreichend große Armee zur Verfügung stehen, eine Schwächung der Verteidigungsfähigkeit des Landes bedeuten, also eine Dysfunktion auf der Ebene des Ganzen. Ist aber die Gesellschaft so strukturiert, daß sie Möglichkeiten zur individuellen Lebenserfüllung im Bereich der Streitkräfte für einen genügend großen Bevölkerungsanteil bereitstellt, so wird die Quote spontan erfüllt werden. Die Gesellschaft weist dann Makrodeterminiertheit auf der Grundlage funktionaler Autonomie der Individuen auf.

Hier liegt das entscheidende Problem unserer Zeit. Wir sehen uns mit folgenden Variablen konfrontiert: wachsender Informationsaustausch – also Determination – auf der Makroebene soziokultureller Systeme; große Differenzierung der Individuen in bezug auf Fähigkeiten und Eignung, und schließlich der Wert individueller Lebenserfüllung. Unser Ziel im Sinne der Menschenwürde ist es, individuelle Lebenserfüllung in einer zunehmend deterministischen, vielgestaltigen Gesellschaft, die aus differenzierten Individuen besteht, zu gewährleisten. Und das ist tatsächlich ein durchführbares Anliegen. Denn wie alle komplexen und natürlichen Systeme funktionieren auch menschliche Institutionen und Gesellschaften dann am besten, wenn sie spontaner Ausdruck der frei gewählten Tätigkeiten ihrer miteinander verbundenen Mitglieder sind. Eine solche Gesellschaft ist die Norm, die uns den Maßstab für die existierenden Formen sozialer Strukturen liefert.

Was wir brauchen, ist eine Revision unserer kulturellen Werte in bezug auf die Normen individueller Lebenserfüllung in einem flexiblen und dynamischen, doch voll funktionsfähigen sozialen System. Um ein solches Ziel anstreben zu können, müssen wir informiert sein, einerseits über die empirischen Daten, andererseits über die theoretisch erfaßten gesellschaftlichen Normen. Empirische Daten sind wie die Meßergebnisse eines Thermometers. Sie geben uns Aufschluß über den Ist-, nicht aber über den Sollzustand. Theoretisch gefundene Normen andererseits sind vergleichbar der Einstellung eines Thermostaten. Sie können uns sagen, wie nahe die tatsächlichen Werte den einem System inhärenten Normen kommen. Das ist wichtig, denn nur wenn wir wissen, wo wir sind und wo wir hinwollen, können wir zielstrebig auf unser Ziel hinarbeiten.

Die westliche Welt schwört auf die Werte einer Wohlstandsgesellschaft als Allheilmittel für alle sozialen Übel. Als Normen sind diese Werte jedoch inzwischen überholt. An ihre Stelle müssen wir positive, der Menschenwürde entsprechende Wertnormen setzen. Solche Normen sind nicht willkürlich, sie sind in jedem natürlichen System verschlüsselt enthalten. Doch können sie von anderen kulturellen Wertmustern überlagert sein. Man muß sie daher bewußt neuentdecken. Werden sie wiederaufgefunden und angenommen, so können wir unsere Fähigkeit zu adaptiver Innovation wieder zu Ehren bringen und uns selbst und unsere Kultur innerhalb der Kompatibilitätsschranken halten, die uns die dynamische, ausbalancierte und vielstufige Holarchie der aus Biosphäre und Menschheit zusammengenommen bestehenden Einheit setzt: das Gaia-System des Planeten Erde.

Die Rolle von Religion und Spiritualität

Die Wissenschaft wendet sich an Verstand und Intellekt, doch die Menschheit ist eine sowohl rationale als auch spirituelle Spezies. Der Mensch besitzt intellektuelle und affektive Fähigkeiten. Wenn die einem modernen Humanismus entsprechenden Normen nicht nur gefunden und theoretisch formuliert werden, sondern auch echte Wirkungen auf Denken und Verhalten des Menschen der Gegenwart zeitigen sollen, müssen den rationalen Erkenntnissen der Wissenschaft affektive und spirituelle Einsichten zur Seite gestellt werden. An dieser Stelle gewinnen die Aufgaben der Religion als *re-ligio,* also als Verbindung und Integration von Menschen in sinnhaften Gemeinschaften, einen neuen Sinn. Nicht die Vermittlung besonderer Glaubensinhalte und Handlungsmuster, sondern die grundsätzliche Orientierung des Menschen in der Welt steht heute zur Debatte. Diese Orientierung muß von der atomistischen Perspektive der mechanistischen Weltsicht zur ganzheitlichen Perspektive der neuen Systemwissenschaften verlagert werden.

Die Religion muß ihre Inhalte nicht opfern, um ihren besonderen Beitrag zu dieser Verlagerung leisten zu können. Sie braucht nur den ihr eigenen Humanismus und Ökumenismus zu betonen und kreatives Denken im Hinblick auf Ausgestaltung und Geltungsbereich ihrer traditionellen Erkenntnisse zu fördern.

Es gibt offensichtlich in jeder großen Religion eine bedeutsame humanistische und ökumenische Komponente. Das Judentum sieht den Menschen als Partner Gottes beim ständig fortschreitenden Werk der Schöpfung und ruft das Volk Israel auf, ein »Licht der Völker« zu sein. Das Herz der christlichen Lehre ist die Liebe zu einem universellen Gott, die sich in der Liebe zum Nächsten und im Dienst am Mitmenschen ausdrückt. Auch der Islam besitzt einen universellen, ökumenischen Aspekt: *Tauhîd,* das religiöse Bekenntnis »Es gibt keinen Gott außer Allah«, ist eine Bestätigung der Einheit, da Allah die göttliche Gegenwart und Offenbarung für *alle* Menschen bedeutet.

Der Hinduismus weiß um die grundsätzliche Einheit der Menschheit innerhalb der Einheit des Alls, und der wesentliche Inhalt des Buddhismus ist die Bezogenheit aller Dinge aufeinander, sie »erzeugen einander in gegenseitiger Abhängigkeit«. In der spirituellen Tradition Chinas ist Harmonie eins der höchsten Prinzipien der Natur und der Gesellschaft: Im Konfuzianismus bezieht sich Harmonie auf die Ethik zwischenmenschlicher Beziehungen, während es im Taoismus ein fast ästhetischer Begriff ist, der die Beziehung zwischen Mensch und Natur beschreibt. Und im Glauben der Baha'i, der jüngsten Weltreligion, wird das Ganze der Menschheit als organische Einheit gesehen, die sich in einem Entwicklungsprozeß in Richtung auf Frieden und Einheit befindet – eine, wie diese Religion verkündet, sowohl erwünschte als auch unvermeidliche Tendenz.

Die großen Religionen könnten sich auf diese und ähnliche ökumenischen und humanistischen Elemente stützen, um durch die kreative Ausgestaltung ihrer fundamentalen Lehren die Verlagerung auf ein neues, ganzheitliches Bewußtsein zu unterstützen und voranzutreiben.

Das wesentliche einheitstiftende Prinzip hierbei könnte die spirituelle Bewertung der fortschreitenden Autopoiese des Universums sein. Die Religionen könnten den großen Bogen der systembildenden Prozesse vom Urknall bis zur Entstehung des Lebens, des Denkens und des Bewußtseins erkennen und auf ihre Weise feiern. Die Erkenntnis, daß sich die Menschheit im Lauf der Evolution selbstschöpferisch entwickelt hat, bräuchte nicht auf die empirischen Wissenschaften beschränkt zu bleiben. Dieser Prozeß ist allumfassend und hat zusätzlich zur physikalischen auch eine spirituelle Dimension.

Jede Veränderung, die das Universum je durchlaufen hat, hat auch in unserem Körper Spuren hinterlassen. Die Elemente, aus denen der Kosmos aufgebaut ist, wurden in den feurigen Schmieden des Innern der Sterne und der stellaren Supernova-Explosionen geschaffen. Sie durchliefen eine Phase der Zerstreuung im interstellaren Raum, um schließlich im Schoß der Proto-Sterne einer neuen Sternengeneration wieder zusammengefügt zu werden. Als Elemente auf der Oberfläche von aus solchen Sternen geborenen Planeten nahmen sie am ersten Entstehen des Lebens in den unzähligen Verbindungen der Moleküle und Protobionten in den Urmeeren teil. Sie traten in Zeiträumen von Milliarden von Jahren immer wieder in lebende Körper ein, womit sie Kreisläufe durch die dichten Gewebe strukturierter Beziehungen vollzogen, die heute die Wirklichkeit des sich selbst erhaltenden und selbst entwickelnden Gaia-Systems dieser Erde ausmachen.

Nicht nur unser Körper, sondern auch unser Bewußtsein ist an diesem Prozeß beteiligt. Die Kräfte, welche in den ersten Augenblicken des von Strahlungen erfüllten Kosmos die Quarks und Photonen hervorbrachten, dann in der expandierenden Raumzeit die Verdichtungen der Milchstraßen und Sterne verursachten und schließlich die komplexen Moleküle und Systeme auf von Leben bevölkerten Planeten aufbauten – diese Kräfte bildeten auch unser Gehirn. Sie konnten sich in jedem denkenden und fühlenden Menschen ihrer selbst bewußt werden.

Wenn die Religionen den selbstschöpferischen, evolutionären Prozeß der Welt erkennen und feiern, könnten sie auch den Erkenntnisprozeß in jedem einzelnen Individuum fördern. Im Licht ihres eigenen Verständnisses vom autopoietischen Prozeß könnten die religiösen Gemeinschaften das ursprüngliche Aufflammen und Weiterbrennen feiern, welches das uns bekannte Universum ins Leben rief: die plötzliche Synthese der Quarks und der ungeheuren Vielfalt der Atome und Moleküle überall in den weiten, expandierenden Räumen des Alls. Sie könnten die Entstehung der Makromoleküle und Urzellen feiern, dieser Vorläufer und Herolde des Lebens auf der Oberfläche unseres Planeten – und zahlloser uns noch unbekannter Planeten in dieser und Myriaden anderer Milchstraßen. Sie könnten die Evolution der Noosphäre auf dieser Erde feiern, jene besonders wichtige Phase in der evolutionären Selbstschöpfung der Welt. Sie könnten uns bei der Erkenntnis helfen, daß unsere Reise als Individuen durch die Bio-Noosphäre der Erde die Evolutionsreise des ganzen Kosmos widerspiegelt, daß das selbstschöpferische Universum unser größeres Selbst ist – die heilige Urgemeinschaft, in die wir eingebettet sind.

Religiöse Erneuerungsbewegungen traten immer im Gefolge zivilisatorischer Krisen auf. Zur Zeit der Katastrophen in der Geschichte Israels erschienen die jüdischen Propheten. Das Christentum etablierte sich in dem Chaos, das durch den moralischen Verfall des Römischen Reiches entstanden war. Der Buddha wirkte in Indien während einer Periode spiritueller und sozialer Wirrnis, Mohammed verkündete Arabien seine Botschaft in einer Zeit der Unordnung, und Baha'ullah schrieb in einem Gefängnis des sterbenden Osmanischen Reiches.

Heute, in einer Zeit, da sich die Menschheit in den Geburtswehen des größten und tiefsten Wandels ihrer Geschichte befindet, besteht ein grundlegendes Bedürfnis nach kreativer Ausgestaltung der Fundamente der großen Religionen, um die neue Weltsicht, die in den neuen Wissenschaften im Entstehen begriffen ist, zu ergänzen und zu vervollständigen. Durch ein Bündnis von Wissenschaft und Religion würde der Übergang zu einer ganzheitlichen Weltsicht begünstigt. Verstand und Gefühl könnten mehr Harmonie unter den Menschen der Gegenwart und zwischen ihnen und ihrer Umwelt stiften.

In dieser Krisenzeit darf das Wissen über uns selbst und die Welt, in der wir leben, nicht mehr nur Gegenstand akademischer Diskussionen bleiben: Es verdient öffentliches Interesse. Die moderne Wissenschaft gibt uns ein Bündel rationaler Einsichten an die Hand, die wegweisend für eine menschenwürdige Zukunft sind. Würden diese Einsichten ein förderliches Echo in der spirituellen Dimension finden, die stets die Domäne der Religion gewesen ist, so würde man den neuen Weg nicht nur finden, sondern ihn auch tatsächlich einschlagen können.

Es ist Zeit, Bilanz zu ziehen. Die systemwissenschaftliche Weltsicht ist zwar nicht anthropozentrisch, aber auch nicht ohne humanistische Elemente. Sie ermöglicht uns zu verstehen, daß wir nur eines unter den vielen Systemen in der umfassenden Holarchie der Natur sind, sagt uns zugleich aber, daß alle Systeme wertgesteuert und werterfüllt sind. Sie sind zielorientiert, sich selbst erhaltend und selbstschöpferisch – und damit Ausdruck des Drangs der Natur zu Ordnung und Komplexität.

Dem Rang des Menschen wird weder durch das Eingeständnis, daß er mit der Amöbe verwandt ist, noch durch die Erkenntnis, daß soziokulturelle Systeme seine Suprasysteme sind, Abbruch getan. Wenn wir uns als Interface-Verbindungsglieder in einer komplexen natürlichen Holarchie sehen, nimmt das unserem Anthropozentrismus zwar seine Daseinsberechtigung. Sehen wir aber diese Holarchie als Ausdruck einer sich selbst-regulierenden und selbstschöpferischen Natur, steigert das unser Selbstwertgefühl und fördert unsere Humanität.

Wir sind nicht der Mittelpunkt des Alls und das Telos der Evolution; trotzdem sind wir konkrete Verkörperungen kosmischer Prozesse in einer besonderen Variante. Und wir haben eine höchst eindrucksvolle Eigenschaft entwickelt: Das Bewußtsein. In dieser Hinsicht sind wir möglicherweise eine der wenigen Arten natürlicher Systeme, die nicht nur die Welt *wahrnehmen,* sondern auch fähig sind, ihre Wahrnehmungen *zu erkennen* und daraus vernünftige Schlüsse über das Wesen der Wirklichkeit zu ziehen. Mensch sein bedeutet, über die fast einzigartige Möglichkeit verfügen, sich selbst und die Welt kennenzulernen.

111

Es wäre gewiß außerordentlich kurzsichtig, wollte man diese Möglichkeit übergehen und sich ausschließlich dem Geschäft des alltäglichen Lebens widmen. Die Fähigkeit zu vernünftiger Erkenntnis nicht zu gebrauchen, wäre kontraproduktiv zum Geschäft des alltäglichen Lebens. Unsere Gattung wird nicht mehr lange überleben können, wenn sie nicht vernünftige Einsicht zur Lenkung ihres Schicksals einsetzt.

Unser Wissen hat uns zunehmend von der Natur getrennt und uns zur Schaffung einer Welt der Kultur befähigt. Es hat uns von vielen Fesseln der bloß biologischen Existenz befreit und erlaubt uns heute, unsere Entwicklung selbst in die Hand zu nehmen. Aber unsere Kulturen müssen mit der Holarchie der Natur vereinbar bleiben. Kulturen jenseits dieser Schranken aufzubauen, würde geradewegs in den Untergang führen. Jeder solche Schritt in die falsche Richtung muß mit Hilfe der gleichen Fähigkeit, die uns diesen Schritt hat tun lassen, berichtigt werden; auf der Basis unserer durch unser reflektierendes Bewußtsein ermöglichten Autonomie.

Hier ist der Punkt, wo die ganzheitliche Sicht der Systemwissenschaft unerläßlich wird. Sie weist uns unseren Ort innerhalb der multiplen Strukturen der Natur zu und ermöglicht uns den konstruktiven Gebrauch unserer Fähigkeiten. Eingebettet in die immensen Strukturen von Gaia, sind wir gleichwohl die Herren unseres Schicksals, denn wir verfügen über gewaltige Steuerungsmöglichkeiten. So wie wir heute die Organe und Zellen unseres Körpers regulieren, so müssen wir lernen, die sozialen und ökologischen Bezüge, in denen wir leben, zu regulieren. Wir wissen inzwischen ziemlich genau, was zur organischen Gesundheit unseres biologischen Systems erforderlich ist. Nun müssen wir auch lernen, welchen Normen unsere ökologischen, ökonomischen, politischen und kulturellen Systeme gehorchen.

Die höchste Aufgabe unserer Zeit ist es, die objektiven Normen der Existenz innerhalb der komplexen und fein ausgewogenen holarchischen Ordnung in uns und außerhalb von uns zu erkennen und ihnen zu folgen. Es gibt keinen anderen Weg, um sicherzustellen, daß wir eine Kultur aufbauen, die sowohl lebensfähig als auch menschenwürdig ist.

Die langsam entstehende ganzheitliche Weltsicht der »Neuen Wissenschaften« ist wichtig für uns alle. Wird sie klar artikuliert, so kann sie uns faktisches und normatives Wissen vermitteln. Die Untersuchung dieses Wissens und seine Anwendung auf die Gestaltung unserer Zukunft ist eine Gelegenheit, die zu versäumen wir uns nicht leisten können. Nehmen wir diese Chance nicht wahr, wird ein weiteres Kapitel irdischer Evolution an sein Ende gelangt sein, und das Experiment der Entwicklung reflektierenden Bewußtseins wird sich als Fehlschlag der Evolution erweisen.

5
Systeme und Evolution –
ein neues Paradigma

Wissenschaftliche und philosophische Systeme kommen und gehen, sagte Alfred North Whitehead – jede Methode mit begrenztem Verstehenshorizont erschöpft sich. In seinen Anfängen ist jedes System ein Triumph, im Verfallsstadium nur noch ein Hindernis. Whiteheads Ausspruch gilt auch für die Systeme und Methoden der modernen Wissenschaften. Der Triumph des Newtonschen Systems wurde zu Beginn des Jahrhunderts zum Hindernis, als Einsteins Theorien um ihre Anerkennung rangen. Darwins synthetische Theorie wurde zum Hindernis auf dem Weg der Entwicklung neuer, adäquaterer Theorien der Evolution in den 70er Jahren, und die positivistische Auffassung der Geschichte ist und bleibt ein Hindernis auf dem Weg ständiger Bemühungen der Wissenschaft, die Evolutionsmuster menschlicher Gesellschaften bis zur Gegenwart zu erforschen.

Doch heute entsteht ein neues System, das von seinem Ursprung her wissenschaftlich und seiner Tiefe und seinem Umfang nach philosophisch ist. Es geht über den begrenzten Verstehenshorizont der bisherigen Theorien hinaus. Es umfaßt die großen Reiche des materiellen Universums, der Welt des Lebens und der Welt der Geschichte. Es ist das neue Paradigma der Evolution: der Rahmen für das Studium des Schicksals offener Systeme, die sich immer weiter vom trägen Zustand thermodynamischen Gleichgewichts entfernen, immer komplexer und dynamischer werden und sich selbst und ihre Umgebung immer mehr gestalten.

Die Heraufkunft dieses neuen Paradigmas ist ein großer Schritt in der Entwicklung der modernen Wissenschaft. Das neue Paradigma der Evolution ist eine deutliche Verbesserung gegenüber den früheren, an bestimmte Disziplinen gebundenen Theorien, denn es erklärt mehr bei weniger Voraussetzungen. Seine Grundannahmen und fundamentalen Theoreme ändern sich nicht, auch beim Übergang vom Reich der Materie zur Sphäre des Lebens und von der Sphäre des Lebens zum Bereich der Geschichte. Seine Einfachheit und sein Anwendungsbereich stehen im Einklang mit permanenten Werten, die den wissenschaftlichen Fortschritt bestimmen. Einfachheit, »Eleganz«, Erweiterbarkeit, Konsistenz und Umfang der Anwendbarkeit von Theorien sind immer Motive der wissenschaftlichen Forschung gewesen. Sie kommen in den Werken Kopernikus und Newtons, Einsteins und Heisenbergs deutlich zum Ausdruck. Heute finden sie ihre Ausprägung in dem, was einmal die »Vision der Evolution« genannt worden ist – das begriffliche Grundgefüge, das das interdisziplinäre Paradigma von Systemveränderung und Systemtransformation konstituiert.

Das Paradigma der Evolution erobert sich einen Forschungsbereich nach dem anderen. Immer mehr Wissenschaftler lassen sich von seiner Gültigkeit überzeugen. Sie erkennen, daß es konkrete Wege und Mittel an die Hand gibt, manche Rätsel der jeweiligen Spezialdisziplinen zu lösen. Das neue Paradigma markiert die Heraufkunft einer neuen Ära wissenschaftlichen Denkens: einer Ära, in der sich die Evolution, soweit sie sich im Menschen und in der menschlichen Gesellschaft manifestiert, ihrer selbst bewußt wird.

Vorläufer des neuen Paradigmas

Das neue Paradigma ist nicht auf einen Schlag, vollständig erwachsen und in jedem Detail vollkommen wie Aphrodite dem Meer entsprungen. Ähnliche Ideen stehen am Beginn vieler großer geistiger Strömungen im Kulturgeschehen der Menschheit, vom Taoismus im Osten bis zur ionischen Naturphilosophie im Westen. Doch beruhten diese Ideen stets eher auf Spekulation und Schau denn auf wissenschaftlichen Daten und geprüften Hypothesen. Erst in unseren Tagen ist das Paradigma der Evolution im wissenschaftlich erprobten und deshalb zuverlässigeren Gewand wieder aufgetaucht.

Ohne Anspruch auf einen erschöpfenden historischen Abriß erheben zu wollen, können wir einige charakteristische Merkmale der Geistesgeschichte des Westens herausarbeiten, die den Werdegang des Evolutionsdenkens und seinen ersten Auftritt auf der Bühne der Wissenschaft skizzieren. Wir beginnen bei den alten Griechen. Sie waren die ersten, die die Mythologie der Schöpfung im kühlen Licht der Vernunft untersuchten.

Vor fast dreitausend Jahren begannen die ionischen Naturphilosophen mit einer großen evolutionären Synthese, die den Ursprung und das Wesen aller Dinge durch eine kleine Anzahl aufeinander bezogener Grundbegriffe erklären sollte. Die ungeheure Variabilität der Dinge, wie sie dem Menschen in der Erfahrung begegnen, wurde

117

ihnen zum Thema, und sie widmeten sich der Aufgabe zu zeigen, wie all diese Dinge aus gemeinsamen Ursprüngen entstanden sein könnten.

Im 6. Jahrhundert v. Chr. lehrte Thales, alle Dinge der Welt seien aus einer gemeinsamen Quelle hervorgegangen. Für ihn war das das Wasser. Seinem Zeitgenossen Anaximander galt nicht das Wasser als die Substanz, aus der alles andere hervorgegangen war, sondern eine noch ursprünglichere Substanz, die er zwar nicht präzise beschrieb, von der er aber behauptete, sie sei unbegrenzt und umfasse alle Elemente. Erde, Feuer und Wasser veränderten sich unaufhörlich im Sinne eines Ordnungsprinzips der Gerechtigkeit.

Anaximenes, ein Schüler des Anaximander, spekulierte, die Ursubstanz sei eine Mischung aus Wasser und Erde gewesen. Von der Sonne erwärmt, habe diese Mischung Pflanzen, Tiere und Menschen durch Urzeugung hervorgebracht. Luft andererseits, von noch größerer Wichtigkeit als Wasser und Erde, habe alle Stoffe durch Verdichtung erzeugt. Feuer war nur verdünnte Luft, die ihrerseits, wenn verdichtet, zu Wolken, Wasser, Erde und schließlich Stein wurde.

Der Wunsch zu durchgehender Konsistenz führte bei den klassischen Griechen zu weitergehenden Synthesen von mehr oder weniger evolutionärem Charakter. Heraklit, für den Feuer die wichtigste Substanz war, legte den Akzent auf ein ewiges Werden, auf das Prinzip »Alles ist im Fluß«. Man kann nicht zweimal in den gleichen Fluß eintauchen; bei keinem Ding auf der Welt läßt sich feststellen, was es an sich ist, da es sich fortwährend ändert. Empedokles seinerseits sah alle Dinge als aus Luft, Erde, Feuer und Wasser zusammengesetzt, wobei die jeweilige Mischung durch das Prinzip Liebe, das bindet, und das Prinzip Haß, das trennt, bestimmt wurde. Aus Feuer in der Erde entstanden die Urformen, die sich später zu den uns vertrauten Organismen entwickelten. Viele waren zunächst unvollkommen und verschwanden wieder, während jene, die sich als vollkommen erwiesen, am Leben blieben.

Mit Sokrates wurde der Naturalismus der Vorsokratiker auf die Welt des Menschen übertragen: Der Mensch ist das Maß aller Dinge. Plato entwarf ein systematisches Bild vom Ganzen der Wirklichkeit, und sei es auch nur in Form einer »wahrscheinlichen Geschichte«: Er glaubte, alle Dinge in der erscheinenden Welt seien Abbilder, Schatten der ewigen, unveränderlichen Formen oder »Ideen«. Aristoteles ersetzte dieses Konzept durch einen neuen, sorgfältiger durchdachten Naturalismus, der in ein wahrhaft enzyklopädisches

Wissen eingebettet war. Seine »große Kette des Seins« reichte von den unbeseelten Objekten über Pflanzen und Tiere bis zum Menschen.

Der fortschreitenden Entwicklung der Natur entsprach eine immer reifer werdende Seele. Aus dem Anorganischen wurde durch Metamorphose das Organische, und im Reich des Organischen waren die mit Sensorik ausgestatteten Tiere beseelter als Pflanzen, die lediglich über die Kraft zur Ernährung und zur Reaktion auf Reize verfügten. Die Natur schritt stufenweise und unaufhaltsam weiter fort, vom Unvollkommensten zum Vollkommensten, und wurde in diesem Prozeß stets komplexer. Nichts, so sagte Aristoteles, existiert ohne Ursache. Der Fortschritt ist nicht zufällig, er wird von einer finalen Ursache – der Vollkommenheit – vorangetrieben.

Wir, die die griechischen Philosophen nicht so hoch einschätzen wie Whitehead (der behauptete, alle Philosophie des Abendlandes sei eine Reihe von Fußnoten zu Plato), brauchen den Spuren der Scholastik, die nur das christliche Dogma mit den aristotelischen Lehren zu vereinbaren suchte, hier nicht weiter zu folgen, sondern können getrost die Geistesgeschichte der Periode zwischen dem späten Hellenismus und der neuzeitlichen Renaissance überspringen. Es traten in ihr zwar große Geister wie Epikur und Lukrez sowie Augustinus und Thomas von Aquin auf, doch trugen sie nicht allzuviel zur Entwicklung eines umfassenden Paradigmas der Evolution bei. Ein neuer Anfang wurde erst wieder in der Renaissance des fünfzehnten Jahrhunderts mit der Emanzipation der Wissenschaft vom kirchlichen Dogma gemacht.

Es war in der Tat ein Neubeginn, eine Wiederholung der elementarsten empirischen Beobachtungen, jetzt artikuliert in einer weder von Aristoteles noch der christlichen Theologie abhängigen Sprache. Genies wie Leonardo faßten ein enormes Spektrum von Beobachtungen in den Blick, von Meeresfossilien bis zu den Schatten auf dem Mond. Kopernikus hingegen war schon eher ein Spezialist, der allerdings tief durchdrungen war von metaphysischen Prinzipien wie etwa: »Die Natur liebt das Einfache«. Sein Streben, die himmelsmechanischen Vorgänge durch möglichst einfache Erklärungen zu verstehen, führte zur heliozentrischen Hypothese, die eine schon den Griechen bekannte Idee wiederbelebte und konkretisierte.

Galileo experimentierte mit schiefen Ebenen und fallenden Gegenständen und entwickelte das Konzept des Gravitationsgesetzes, während Kepler, ausgestattet mit Fernrohr und eminent analytischem Verstand, die letzten Spuren eines metaphysischen Rationalismus aus den Theorien des Kopernikus entfernte und zeigte, daß die Planeten Ellipsen, nicht vollkommene (also vollkommen einfache) Kreise um die Sonne beschreiben. Und Newton, vielleicht der größte Synthetiker aller Zeiten, legte die Grundlagen der modernen Physik, indem er durch das Universalgesetz der Gravitation und die ebenso universalen Bewegungsgesetze die irdische mit der himmlischen Sphäre verband.

Die Emanzipation der Wissenschaft führte zur Betonung des Experimentes anstelle des Dogmas, und das Experiment begünstigte bei den damals noch primitiven Mitteln und Instrumenten gerade die Beschäftigung mit Problemen, die durch Grundformeln von universeller Anwendbarkeit gelöst werden konnten.

Mit der Physik Newtons wurde das physische Universum zu einem uniformen Mechanismus, der sich, einmal aufgezogen, bis in alle Ewigkeit harmonisch bewegte. Die Weltsicht der modernen Naturwissenschaft wurde mechanistisch und stand im Gegensatz zur Welt des Lebendigen. Die Welt wurde in ein mechanistisches Universum und ein davon getrenntes Reich des Lebendigen und des Geistes aufgespalten. Die Naturphilosophie trennte sich von der Moralphilosophie, die Physik von der Biologie und die Naturwissenschaft von den Wissenschaften vom Menschen und von der Gesellschaft. Versuche, eine umfassende Wissenschaft der Evolution und Entwicklung zu begründen, trafen auf den entschiedenen Widerstand der christlichen Theologie.

Mit Descartes erlangte die Trennung des Reiches der Materie vom Reich des Geistes den Status einer metaphysischen Doktrin. Das physische Universum einschließlich der Körper der lebenden Organismen war für ihn ein Mechanismus, beschreibbar durch eine kleine Zahl gottgegebener physikalischer Gesetze. Menschlicher Verstand und Gewissen wurden von diesem Bereich gelöst und zu einer separaten, nicht im Raum, sondern nur in der Zeit existierenden Substanz.

Im Bestreben, diesen Dualismus durch seine naturalistische Ethik zu überwinden, warf sich Spinoza dem Pantheismus in die Arme und identifizierte die Natur mit Gott. Kant, der in seinem eine universale Naturgeschichte enthaltenden Frühwerk behauptete, alle beobachtbaren Phänomene hätten natürliche Ursachen, versuchte, die Entwicklung höherer Lebensformen auf elementare Urmuster zurückzuführen. Er gelangte in seinen einflußreichen »Kritiken« zu der Auffassung, der Erkennende müsse vom zu Erkennenden getrennt werden. Er machte aus der Welt der Natur ein unerreichbares »Noumenon«.

Erst als das Rätsel der beiden einander entgegengesetzten »Zeitpfeile« der Evolution Ende des 20. Jahrhunderts gelöst war, war eine solide Basis geschaffen, die Kluft zwischen Materie und Geist, zwischen der Welt der Natur und der Welt des Menschen (und damit auch zwischen den »zwei Kulturen« der modernen Zivilisation) zu überbrücken.

Das Rätsel der zwei Zeitpfeile

Obwohl die Wissenschaftler schon zu Anfang des 18. Jahrhunderts dazu übergegangen waren, die Welt als Ergebnis von andauernden Veränderungen zu sehen, wurde die Wissenschaft im 19. Jahrhundert noch gelähmt durch den Widerspruch zwischen einer mechanistischen Welt, die dazu verurteilt war, wie eine aufgezogene Feder abzulaufen, und einer organischen Welt, die sich offenbar immer weiter selbst aufzog. Was die organische Welt betrifft, so erwies sich der »Kreationismus« als eine nur vorübergehende Entlastung. Er behauptete, die Arten hätten sich nicht entwickelt (die Welt des Lebendigen schreite also nicht in einer der physischen Natur entgegengesetzten Richtung voran), sondern seien Schöpfungen eines höchsten Geistes. Linné, der das moderne Klassifikationssystem der Botanik und Zoologie begründete, sagte: »Es gibt so viele Arten, wie ursprünglich durch das Unendliche Ziel geschaffen worden sind.« Organismen »reproduzierten« sich in der Sicht vieler Biologen nicht, sie »zeugten sich fort«. Fortzeugung war Ergebnis eines schöpferischen Aktes, der logischerweise einen Gott, den großen Architekten, voraussetzte. Die Physiker konnten über das Leben, seine Ursprünge und die Evolution keine Aussagen machen. Newton klammerte die irreversiblen Veränderungen, die allen Evolutionsprozessen zugrundliegen, einfach aus. Die Gesetze der klassischen Mechanik gelten, gleichgültig ob ein Prozeß oder ein Partikel von Punkt A nach B oder von Punkt B nach A verläuft. Und da sich die Partikel sowohl in der Zeit als auch im Raum bewegen, sind in der Physik Newtons Zeit und Bewegung vollkommen reversibel.

Mitte des 19. Jahrhunderts sahen sich die Wissenschaften von der Materie und vom Leben in Widersprüche in bezug auf das Wesen der

Veränderung verwickelt. In der Physik beschäftigten sich die Vertreter der klassischen Thermodynamik mit irreversiblen Prozessen in der Natur und gingen von der Unumkehrbarkeit der Zeit aus. In den Wissenschaften vom Leben stellten Darwins Theorien über den Ursprung der Arten, die auf irreversiblen Prozessen kumulativer Veränderungen in der Welt des Lebendigen basierten, eine wahre Revolution dar. Doch die in der klassischen Thermodynamik und der Biologie Darwins postulierten irreversiblen Prozesse standen nicht nur im Widerspruch zur klassischen Physik, sondern widersprechen auch einander. Die von den Vertretern der klassischen Thermodynamik und von den darwinistischen Biologen entdeckten irreversiblen Prozesse paßten nicht zueinander. In der klassischen Thermodynamik wies der »Zeitpfeil« nach unten, in Richtung Desorganisation und Zufallsbestimmtheit, während er in der Biologie Darwins nach oben zeigte, zu immer höheren Niveaus der Organisation in determinierten Strukturen und Funktionen. Da Newtons klassische Mechanik bis zum Beginn des 20. Jahrhunderts nicht in Frage gestellt wurde, sah sich die Naturwissenschaft des 19. Jahrhunderts zwei gegensätzlichen Zeitpfeilen gegenüber – und das im Rahmen eines Gedankengebäudes, das keinen der beiden Pfeile zu erklären vermochte.

Der aufwärtsführende Zeitbogen in der Theorie Darwins beschäftigte die Phantasie von Philosophien und Sozialwissenschaftlern zunächst und in erster Linie. Der englische Philosoph Herbert Spencer, der auf Konzepten deutscher Biologen aufbaute und stark beeinflußt war von der Publikation von Darwins *Ursprung der Arten,* veröffentlichte seine *Ersten Prinzipien,* eine breit angelegte wissenschaftliche Beschreibung eines evolutionären Ablaufs, der zur größten Vollkommenheit und zum größten Glück führen sollte. In ähnlicher Weise von Darwin beeindruckt, folgten Marx und Engels dem aufwärts führenden Bogen des Hegelschen Evolutionsoptimismus in ihrer Gesamtkonzeption einer Evolution von Natur und Gesellschaft, dem sogenannten dialektischen und historischen Materialismus.

Diese Theorien gehören zu den erwähnenswerten Versuchen der Philosophen und Wissenschaftler des 19. Jahrhunderts, eine allgemeine Evolutionstheorie zu formulieren, die auf den Ergebnissen der modernen Naturwissenschaft beruhte. Von heute her gesehen waren ihre Anstrengungen verfrüht. Das Rätsel der zwei Zeitpfeile war im Rahmen der Wissenschaft des 19. Jahrhunderts nicht zu lösen, und allgemeine, auf dieser Wissenschaft aufbauende Theorien

122

mußten sich zwischen dem abwärts weisenden Pfeil der Thermodynamik und dem aufwärts weisenden der Biologie entscheiden. Spencer und Marx wählten, wie auch viele andere, den aufwärts führenden Bogen Darwins und ließen den zeitbedingten Verfallseffekt in der klassischen Thermodynamik unbeachtet.

Man konnte die klassische Thermodynamik jedoch nicht für lange ignorieren. Ihre Grundprinzipien waren 1824 von Sadi Carnot formuliert worden und wurden von William Thompson in seiner 1852 erschienenen Abhandlung »Über die universelle Tendenz in der Natur zur Dissipation der mechanischen Energie« weiter ausgearbeitet. 1865 führte Rudolf Clausius die quantitative Definition der Entropie als Maß der Organisation im Vergleich zur Zufallsbestimmtheit in einem System ein, und 1872 fand Boltzmann die Formulierung, welche die Thermodynamik mit der statistischen Mechanik verband und diese Disziplin als großes Forschungsgebiet im Bereich der Physik etablierte.

Der berühmte zweite Hauptsatz der Thermodynamik stellte fest, daß in jedem geschlossenen System Abstufungen in Konzentration und Temperatur im Laufe der Zeit verschwinden und durch Uniformität und Zufallsbestimmtheit ersetzt werden. Das Universum, zumindest seine materiellen Bestandteile, bewegt sich also von einem Zustand höherer Organisation und Energie in Richtung auf Zustände wachsender Homogenität und Zufallsbestimmtheit. Es erreicht schließlich den Zustand vollständiger Wärmeverteilung, in dem keine unumkehrbaren Prozesse mehr auftreten können. Der Zeitpfeil ist somit durch die Wahrscheinlichkeit bestimmt, daß geschlossene Systeme sich in Richtung völliges Gleichgewicht bewegen.

Zwar verschlossen einige Philosophen und Sozialwissenschaftler die Augen vor dem Konflikt zwischen Physik und Biologie, doch wurde dieser immer unübersehbarer. Einige große Geister der Zeit begannen sich damit zu beschäftigen. Viele geniale Lösungsvorschläge wurden versucht, von denen zwei besondere Erwähnung verdienen. Der eine stammt von dem französischen Philosophen Henri Bergson. Das Universum, sagte Bergson, zeigt zwei Tendenzen. Es gibt »eine Realität, die sich selbst erschafft innerhalb einer Realität, die es nicht tut«. Die allgemeine Tendenz zur Wiederholung und die Dissipation der Energie, wie sie die Thermodynamik entdeckt hatte, ist die Tendenz der »Materie«; die gegenläufige Tendenz in der Materie, wie sie Darwin dokumentierte, ist die Tendenz des »Lebens«. Die Evolution des Lebens ist das Ergebnis eines Grundimpulses, den Bergson *élan vital* nannte. Dieser Impuls treibt sich selbst zu immer neuen Formen organisierter Struktur. Die Strukturen speichern und nutzen Energie und erhalten ihre Fähigkeit zu Wachstum und Anpassung bis zu einem bestimmten Punkt aufrecht. Dann versinken sie in einem Zustand von Wiederholung und Routine, in dem ihre Lebensenergie sich erschöpft.

Einen anderen bemerkenswerten Vorschlag machte Ludwig Boltzmann, der Begründer der modernen Thermodynamik. Man stelle sich den aktuellen Zustand des Universums als den einer geringen Abweichung vom Gleichgewicht vor. Unsere Welt ist nur eine von mehreren Regionen, die sich im Ungleichgewicht befinden, und in der Gesamtheit dieser Regionen nehmen die Wahrscheinlichkeiten ihres Zustands (d.h. ihrer Entropie) ebenso oft zu, wie sie abnehmen.

Im Universum als Ganzem sind die beiden Zeitrichtungen ununterscheidbar, so daß ein lebendiger Organismus in einer dieser Regionen die Richtung der Zeit immer dahingehend bestimmen kann, daß er sich von einem weniger wahrscheinlichen zu einem wahrscheinlicheren Zustand fortbewegt. Der frühere Zustand ist die »Vergangenheit«, der spätere die »Zukunft«.

So genial Boltzmanns Vorschlag auch war, er konnte den Konflikt zwischen dem zweiten Hauptsatz der Thermodynamik und der Evolution Darwins ebensowenig auflösen wie der Bergsons. Zwei Schichten der Realität zu postulieren, deren eine Materie, deren andere Leben heißt (wobei letztere von einem geheimnisvollen *élan vital* beeinflußt wird), oder aus unserer Welt einen Zustand in geringer Entfernung vom Gleichgewicht zu machen, der von anderen, in die entgegengesetzte Richtung tendierenden Welten ausbalanciert ist (wobei diese regional im Ungleichgewicht befindlichen Welten ihre jeweils willkürliche Zeit besitzen), all dies sieht eher nach spekulativer Kosmologie denn nach solider Wissenschaft aus. Die Wissenschaft mußte bis zu einer Thermodynamik des Ungleichgewichts und der neuen Kosmologie der Siebziger Jahre dieses Jahrhunderts warten, um zu erkennen, daß es keiner metaphysischen Lösungen bedarf, um den Konflikt zwischen einer aufwärts führenden Tendenz der biologischen Evolution und den abwärts führenden Prozessen geschlossener physikalischer Systeme zu lösen.

Aufstieg des Evolutionsparadigmas

Die Wissenschaft ist heute zu der Einsicht gekommen, daß der Konflikt zwischen den beiden großen Prozessen – den beiden Zeitpfeilen – nur ein scheinbarer ist. Sich entwickelnde Systeme sind offen und nie geschlossen; das Universum als Ganzes ist nicht mechanistisch. Kosmische Prozesse verlaufen nicht im Sinne eines in Richtung des universellen Wärmetodes weisenden Zeitpfeils – und Leben ist weder die zufällige Abweichung von einem allgemeinen Gleichgewicht noch die Manifestation mysteriöser metaphysischer Kräfte.

Es bedurfte des Großteils zweier Jahrtausende, bis sich das Evolutionsparadigma innerhalb der empirischen Wissenschaften etablieren konnte, und fast zweier Jahrhunderte, bis sich die empirischen Wissenschaften vom Dogma des Mittelalters emanzipierten. In unserer Zeit kennzeichnet das systemische Evolutionsparadigma als herrschende Denkweise die Arbeit in fast allen Bereichen der Naturwissenschaft sowie in vielen Disziplinen der Sozialwissenschaften. Ungeachtet der Überreste beschränkten Fachbereichdenkens und mancher Widerstandsnester (bei Fachspezialisten und bei dogmatischen Kreationisten) hat sich das evolutionäre Denken seinen Platz erobert. Wird es in eine allgemeine, doch solide Theorie eingebaut, können seine Resultate zu einer neuen, fruchtbareren Anschauung vom Wesen der Wirklichkeit führen, im Universum wie hier auf der Erde. Wer kreativen Gebrauch von der neuen Theorie macht, wird zu den führenden Geistern unserer Epoche gehören. Ihre Visionen werden der Wissenschaft neue Perspektiven und den Menschen und Völkern neue Möglichkeiten eröffnen.

125

Literaturauswahl

Allgemeine Literatur

Abraham, Ralph und C. Shaw: *Dunamics: The Geometry of Behavior*. Santa Cruz: Aerial Press, 1984.

Ashby, W. Ross: *An Introduction to Cybernetics*. London: Chapman & Hall; New York: Barnes & Noble, 1956.

Beer, Stafford: *Platforms of Change*. New York: John Wiley & Sons, 1979.

Beishon, J., und G. Peters: *Systems Behavior*. New York: Open University Press, 1972.

Bertalanffy, Ludwig von: *General System Theory: Essays on ist Foundation and Development*. New York: George Braziller, überarb. Aufl. 1968.

Blauberg, Sadovsky, I.V., V.N. und E.G. Yuding: *Systems Theory: Philosophical and Methodological Problems*. Moscow: Progress Publishers, 1977.

Boulding, Kenneth E.: *Ecodynamics. A New Theory of Societal Evolution*. Beverly Hills and London: Sage, 1978.

Bowler, T. Downing: *General Systems Thinking: Its Scope and Applicability*. New York: Elsevier North Holland, 1981.

Buckley, Walter, (Hg.): *Modern Systems Research for the Behavioral Scientist*. Chicago: Aldine, 1968.

Cavallo, Roger E. (Hg.): *Systems Research Movement: Characteristics, Accomplishments, and Current Developments*. Louisville, KY: Society for General Systems Research, 1979.

Checkland, Peter: *Systems Thinking, Systems Practice*. New York: John Wiley. 1981.

Chaisson, Eric J., *Cosmic Dawn: The Origin of Matter and Life*. Boston: Atlantic, Little, Brown, 1981.

Churchman, C. West, *The Systems Approach*. New York: Harper & Row, (überarb. und aktualisierte Aufl.) 1979.

Club of Rome, Council of: *The First Global Revolution*. (verfaßt von Bertrand Schneider und Alexander King). New York: Pantheon Books, 1991.

Corning, Peter A.: *The Synergism Hypothesis. A Theory of Progressive Evolution*. New York: Mcgraw-Hill, 1983.

Csányi, Vilmos: *General Theory of Evolution*. Durham and London: Duke University Press, 1989.

Davidson, Mark: *Uncommon Sense: The Life and Thought of Ludwig von Bertalanffy.* Vordem R. Buckminster Fuller. Einführung von Kenneth E. Boulding, Los Angeles: J.P. Tarcher, 1983.

Demerath, N.J., und R.A. Peterson, (Hg.): *System Change and Conflict.* New York: Free Press, 1967.

Eigen, Manfred, und P. Schuster: *The Hypercycle: A Principle of Natural Self-Organization.* New York: Springer, 1979.

Eldredge, Niles: *Time Frames.* New York: Simon und Schuster, 1985.

Eldredge, Niles und Stephen J. Gould: Punctuated Equilibria: an Altnative to Phylogenetic Gradualism. In: Schopf (Hg.): *Models in Paleobiology.* San Francisco: Freeman, Cooper, 1972.

Falk, Richard, Samual S. Kim, und Saul H. Mendlovitz, (Hg.): *Toward a Just World Order.* Boulder, Colorado: Westview Press, 1982.

Foerster, Heinz von, und George W. Zopf, Jr.: *Principles of Self-Organization.* Oxford und New York: Pergamon Press, 1962.

Fuller, Buckminster: *Operating Manual for Spaceship Earth.* Carbondale, Ill: Southern Illinois University Press, 1970.

Gharajedaghi, Jamshid: *Toward a Systems Theory of Organization.* Seaside, Calif.: Intersystems Publications, 1985.

Glansdorff, P. und I. Prigogine: *Thermodynamic Theory of Structure Stability and Fluctuations.* New York: Wiley Interscience, 1971.

Gray, William und Nicolas Rizzo, (Hg.): *Unity Through Diversity,* 2 Bde. New York: Gordon and Breach, 1973.

Haken, Hermann: *Synergetics.* New York: Springer, 1978.

Haken, Hermann, (Hg.): *Dynamics of Synergetic Systems.* New York: Springer, 1980.

Jantsch, Erich: *Design for Evolution.* New York: Braziller, 1975.

Jantsch, Erich: *The Self-Organizing Universe.* Oxford: Pergamon Press, 1980.

Jantsch, Erich und Conrad H. Waddington, (Hg.): *Evolution and Consciousness.* Reading, Mass: Addison Wesley, 1976.

Katchalsky, Aharon und P.F. Curan: *Nonequilibrium Thermodynamics in Biophysics.* Cambridge, Mass: MIT Press, 1965.

Katsenelinboigen, Aron: *Some New Trends in System Theory.* Seaside, Calif.: Intersystems Publications, 1984.

Klir, George J., (Hg.): *Trends in General Systems Theroy.* New York: Wiley-Interscience, 1972.

Koestler, Arthur, und J.R. Smythies, (Hg.): *Beyond Reductionism: New Perspectives in the Life Sciences,* London and New York: Macmillan, 1969.

Margenau, Herny (Hg.): *Integrative Principles of Modern Thought.* New York: Gordon and Breach, 1972.

Maturana, Humberto R. und Francisco Varlea: *Autopoietic Systems.* Biological Computer Laboratory, University of Illinois, Urbana, Ill: 1975.

Nappelbaum, E. L., Yu A. Yaroshevskii und D. G. Zaydin: *Systems Research: Methodological Problems.* USSR Academy of Scienes, Institute for Systems Studies. Oxford und New York: Pergamon Press, 1984.

Nicolis, G. und I. Prigogine: *Self-Organization in Non-Equilibrium Systems.* New York: Wiley Interscience, 1977.

Pattee, Howard, (Hg.): *Hierarchy Theory: The Challenge of Complex Systems,* New York: Braziller, 1973.

Prigogine, Ilya und I. Stengers: *Order Out of Chaos (La Nouvelle Alliance).* New York: Bantam, 1984.

Rapoport, Anatol: *General System Theory: Essential Concepts and Applications.* Cambridge, Mass.: Abacus Press, 1986.

Salk, Jonas: *The Anatomy of Reality,* New York: Columbia University Press, 1984.

Salk, Jonas: *The Survial of the Wisest.* New York: Harper & Row, 1973.

Simon, Herbert A.: *The Sciences of the Artifical.* Cambridge, Mass.: MIT Press, 1969.

The Science and Praxis of Complexity. Tokyo: The United Nations University, 1985.

Thom, René: *Structural Stability and Morphogenesis.* Reading, Mass: Benjamin, 1972.

Varela, Fransico J.: Autonomy and Autopoiesis. In: *Self-Organizing Systems: An Interdisciplinary Approach.* Gerhard Roth und Helmut Schwegler. Frankfurt: Campus Verlag, 1981.

Weiss, Paul A. (u.a.): *Hierarchically Organized Systems in Theory and Practice.* New York: Hafner, 1971.

Whyte, L.L., und AG. Wilson, und D. Wilson (Hg.): *Hierarchical Structures.* New York: American Elsevier, 1969

Wiener, Norbert: *The Human Use of Human Beings: Cybernetics and Society.* Garden City, N.Y.: Doubleday Anchor Books, 2. Aufl. 1954.

Zeeman, Christopher: *Catastrophe Theory.* Reading, Mass. Benjamin. 1977.

Weitere Titel von Ervin Laszlo

Essential Society: An Ontological Reconstruction. The Hague: Martinus Nijhoff, 1963.

Individualism, Collectivism and Political Power: A Relational Analysis of Ideological Conflict. The Hague: Martinus Nijhoff, 1963. (auch in japanisch)

Human Values and Natural Science. (hrsg. mit J. Wilbur). New York and London: Gordon & Breach, 1970.

Evolution and Revolution: Patterns of Development in Nature, Society, Culture and Man (hrsg. mit R. Gotesky). New York und London: Gordon & Breach, 1971.

Introduction to Systems Philosophy: Toward a New Paradigm of Contemporary Thought. New York und London: Gordon & Breach; Toronto: Fitzhenry & Whiteside, 1972. (Neuauflage: Gordon & Breach, 1984, New York: Harper Torchbooks, 2. Aufl. 1973.

The Systems View of the World: The Natural Philosophy of the New Developments in the Sciences. New York: George Braziller, 1972; Toronto: Doubleday Canada, 1972; Oxford: Basil Blackwell, 1975. (auch in persisch, japanisch, französisch, chinesisch, koreanisch und italienisch)

The Relevance of General Systems Theory. (Hg.) New York: George Braziller, 1972.

Emergent Man. (hrsg. Mit J. Stulman). New York und London: Gordon & Breach, 1972.

A Strategy for the Future: The Systems Approach to World Order. New York: George Braziller, 1974. (auch in japanisch und koreanisch)

(Hrsg.): The World System: Models, Norms, Applications. New York: George Braziller, 1974.

Goals for Mankind: A Report to the Club of Rome on the New Horizons of Global Community. New York: E.P. Dutton, 1977; Toronto & Vancouver: Clarke, Irwin, 1977; London: Hutchinson, 1977; (überarb. Ausgabe): New York: New American Library Signet Books, 1978. (auch in italienisch, spanisch, finnisch, japanisch, serbo-kroatisch)

Goals in a Global Community, Bd. I: Studies on the Conceptual Foundations, (hrsg. mit J. Bierman). Oxford an New York: Pergamon Press, 1977. *Bd. II: The International Values and Goals Studies* (hrsg. mit J. Bierman), Oxford und New York: Pergamon Press, 1977.

(Hrsg.): The Inner-Limits of Mankind: Heretical Reflections on Contemporary Values, Culture and Politics. Oxford an New York: Pergamon Press, 1978; überarb. Ausgabe. London: Oneworld Publications, 1989. (auch in deutsch, französisch, italienisch, chinesisch, koreanisch)

The Objectives of the New International Economic Order. (mit R. Baker, E. Eisenberg, und V.K. Raman). New York: UNITAR and Pergamon Press, 1978; Neuaufl. 1979. (auch in spanisch)

(Hrsg.): The Structure of the World Economy and Prospects for a New International Economic Order. (hrsg. Mit J. Kurtzman). New York: UNITAR und Pergamon Press, 1980. (auch in spanisch)

Disarmament: The Human Factor. (hrsg. mit D.F. Keys) Oxford und New York: Pergamon Press, 1984.

Systems Science and World Order; Selected Studies. Oxford und New York: Pergamon Press, 1986.

Evolution: The Grand Synthesis. Boston und London: Shambhala New Science Library, 1987. (auch in italienisch, deutsch, chinesisch, spanisch und französisch)

(Hrsg.): The New Evolutionary Paradigm. New York: Gordon & Breach, 1991.

(Hrsg.): The Age of Bifurcation: The Key to Understanding the Changing World. New York und London: Gordon Breach, 1992. (auch in deutsch, spanisch, chinesisch, französisch und italienisch)

The Evolution of Cognitive Maps: New Paradigms for the 21st Century. (hrsg. Mit I. Masulli). New York: Gordon & Breach, 1992.

(Hrsg.): A Multicultural Planet: Diversity and Dialogue in Our Common Future. Report of an Independent Expert Group to UNESCO. Oxford: Oneworld, 1992. (auch in französisch, deutsch und italienisch)

The Choice: Evolution or Extinction. The Thinking Person's Guide to Global Problems. Los Angeles: Tarcher/Putnam, 1994. (auch in deutsch, chinesisch und ungarisch)

The Whispering Pond. A personal Guide to the Emerging Vision of Science. Shaftesbury and Rockport: Element, 1996. (auch in deutsch, italienisch und ungarisch)

The Interconnected Universe. Singapore and London: World Scientific, 1994.

Third Millenium: The Challenge and the Vision. London: Gaia Books, 1997. (auch in italienisch, französisch, ungarisch, chinesisch und deutsch)

Register

DIEDERICHS
NEW
SCIENCE

Victor Mansfield

Tao des Zufalls

Philosophie, Physik und Synchronizität

Aus dem Amerikanischen von Konrad Dietzfelbinger
336 Seiten, Leinen mit Schutzumschlag

Das Phänomen der Gleichzeitigkeit, die Parallelität äußerer Ereignisse und innerer Gedanken sind nicht nur Zufall. Victor Mansfield wagt sich auf ein Terrain, das bisher C. G. Jung und Rupert Sheldrake vorbehalten schien. In der Synthese von Erkenntnissen aus der Physik, der Philosophie und buddhistischen Ansätzen bietet das Buch eine eindrucksvolle Erklärung des Phänomens der Synchronizität und bringt Licht in eine weitere Dimension der menschlichen Existenz.

Francisco Varela

Traum, Schlaf und Tod

Grenzbereiche des Bewußtseins

Der Dalai Lama im Gespräch mit westlichen Wissenschaftlern

Aus dem Amerikanischen von Matthias Braeunig
216 Seiten, Leinen mit Schutzumschlag

Träumen, Schlafen und Sterben sind elementare Bewußtseinserfahrungen des Menschen, doch haben sie in den verschiedenen Kulturen unterschiedliche Bedeutung. Der Dalai Lama führt im Gespräch mit renommierten Wissenschaftlern Ansätze aus dem Buddhismus mit modernen Erkenntnissen der Psychologie und Neurophysiologie zusammen. Die Synthese zwischen östlicher und westlicher Weisheit ermöglicht den bewußten Umgang des Menschen mit sich selbst.

EUGEN DIEDERICHS VERLAG